NOUVEAU MANUEL

DE

L'ÉLECTEUR.

Cette brochure se distribue gratis.

Nous autorisons, nous engageons à la faire réimprimer les personnes qui jugeraient utile de la répandre à grand nombre.

ÉLECTEURS ,

Nous allons vous rappeler vos droits, vous faire connaître les moyens de les exercer; notre mission s'arrête là. Vous ne perdrez pas de vue que les droits les plus évidens ont besoin du courage, de la persévérance, du dévouement éclairé de ceux qui doivent les exercer. Les lois ne manquent pas aux citoyens pour repousser le danger qui nous menace; qu'il ne soit pas dit que ce sont les citoyens qui ont manqué aux lois.

Pour donner le moins d'étendue possible à cette brochure, nous avons abrégé les mots qui se représentaient le plus souvent. Ainsi, lorsque nous indiquons le nom d'une ville, et qu'il se trouve suivi d'une date, cela veut dire : *Arrêt de la Cour royale de*.....

Les mots *lois, ordonnances, articles,* sont indiqués suffisamment par les premières lettres.

NOUVEAU MANUEL

DE L'ÉLECTEUR.

CHAPITRE PREMIER.

DE LA CAPACITÉ ÉLECTORALE.

Conditions générales.

Tout *Français, jouissant des droits civils et politiques*, âgé de *trente ans accomplis*, et payant 300 *fr. de contributions directes*, est électeur dans le département où il a son *domicile politique* (art. 40 de la Charte ; art. 1er de la loi du 5 février 1817 et 4 de la loi du 29 juin 1820).

§ Ier. *Conditions relatives à la naissance.*

Pour être électeur, il faut être *Français*.

On naît ou on devient Français selon les conditions déterminées par les art. 9 et 10 du Code civil et l'art. 3 de la loi du 22 frimaire an VIII.

Les habitans des départemens qui avaient été réunis au territoire de la France depuis 1791, et qui, en vertu de cette réunion, se sont établis sur le territoire actuel de la France, et y avaient résidé sans interruption depuis dix années et depuis l'âge de vingt-un ans, en 1814, sont censés avoir fait la déclaration exigée par l'art. 3 de la loi du 22 frim. an VIII, s'ils ont, dans les trois mois qui ont suivi la publication de la loi du 14 octobre 1814, déclaré qu'ils persistaient dans la volonté de se fixer en France (art. 1er de la loi du 14 octobre 1814.—Ce délai n'est pas de rigueur).

Dans ce cas, on leur a remis des lettres de *déclaration* *de naturalité*, et ils ont joui dès ce moment des droits de citoyens français, sans qu'ils puissent cependant faire partie de la Chambre des pairs ou de celle des députés, à moins qu'ils n'aient obtenu des *lettres de naturalisation* vérifiées par les deux chambres (*id., ibid.*; art. 1er de l'ordonnance du 4 juin 1814). Mais l'accomplissement de ces formalités est nécessaire pour que les personnes nées dans les départemens réunis momentanément à la France, ou leurs enfans, possèdent la qualité de Français (Douai, 16 septembre 1829).

Ceux qui n'avaient point dix années de résidence réelle dans l'intérieur de la France, lors de la promulgation de la loi du 14 octobre 1814, ont pu acquérir les mêmes droits de citoyens français le jour où les dix années de résidence ont été révolues, à charge de faire la déclaration dont il a été parlé ci-dessus. Le roi s'est aussi réservé le droit d'accorder, avant les dix années révolues, des *lettres de déclaration de naturalité lorsqu'il le juge convenable* (art. 2 de la loi du 14 octobre 1814).

Comment se prouve la qualité de Français.
La qualité de *Français* se prouve par *acte de naissance*. Si, malgré ce titre, l'administration contestait encore la nationalité de l'électeur, il pourrait, en s'appuyant sur un arrêt rendu le 7 mai 1827 par la Cour royale de Rennes, réclamer son inscription sur la liste. Le doute est favorable à la qualité de Français, surtout si celui qui réclame demeure depuis longues années en France.

Enfin la loi du 30 avril 1790 portait que tous ceux qui, nés hors du royaume, de parens étrangers, étaient établis en France au moment de sa promulgation, seraient réputés Français après cinq ans de domicile continu, s'ils avaient acquis des immeubles, ou épousé une française, ou formé un établissement de commerce; il en résulte que les individus qui se sont trouvés dans ce cas, ou leurs enfans, sont citoyens français (Colmar, 26 décembre 1829).

Descendans des protestans fugitifs.
De même, la loi du 9 décembre 1790, art. 22, a rendu la qualité de *Français* aux descendans des protestans expatriés pour cause de religion, pourvu qu'ils revinssent en France y fixer leur domicile et y prêter le serment civique.

Dans les différens cas où un citoyen se fait naturaliser, il peut en offrir la preuve en produisant l'expédition authentique de ses lettres, ou le numéro du *Bulletin des lois* qui en contient la mention.

§ II. *Conditions relatives à la jouissance des droits civils et politiques.*

Pour savoir comment se perd la jouissance des droits politiques, on doit voir les art. 17 et 22 du Code civil ; art. 34 du Code pénal ; et comment l'exercice en est suspendu, l'art. 5 de la loi du 22 frimaire an VIII.

§ III. *Conditions relatives à l'âge.*

Il faut avoir *trente ans accomplis* pour pouvoir exercer les fonctions électorales.

Un citoyen dont la trentième année s'accomplirait après la confection des listes, mais avant leur clôture, doit-il y être inscrit?

L'affirmative résulte : 1° de l'*Instruction* adressée le 25 août 1828, par le Ministre de l'Intérieur, aux préfets ; on y lit, art. 13 : « C'est l'époque de la clôture de la révision annuelle, et non pas le terme d'admission des réclamations, qui doit former la limite annuelle d'acquisition des droits. Si donc vous avez reconnu et vérifié les droits d'individus qui, par l'accomplissement des conditions de temps, acquerraient, jusques et compris le 16 octobre, la capacité d'électeur ou de juré, *vous devez les inscrire sur la liste publiée le 15 août;* » 2° d'un arrêt de la Cour royale de Montpellier, du 5 mai 1829 ; d'un arrêt rendu, le 3 octobre 1822, par la Cour de cassation en matière de *jury.*

§ IV. *Conditions relatives au cens.*

N. 1. Le cens électoral consiste à payer une somme annuelle de 300 francs de contributions directes.

Les lois de finances comprennent sous le titre de *contributions directes*, 1° la contribution foncière ; 2° la contribution personnelle et mobilière ; 3° la contribution des portes et fenêtres ; 4° les patentes.. Contributions directes.

Ces contributions se composent d'un *principal* et de *centimes additionnels.*

La jurisprudence est maintenant fixée sur la question de savoir si les centimes additionnels doivent être comptés pour le cens électoral. Cette question a été résolue affirmativement par plusieurs arrêts, et notamment par deux de la Cour de cassation du 23 juin 1829. Centimes additionnels.

Bourses et Chambres de commerce.

Les sommes prélevées sur les négocians d'une ville pour subvenir aux dépenses de bourses et chambres de commerce, doivent-elles entrer dans le cens électoral? (Rés. aff., Orléans, 24 décembre 1828).

Mines.

Les concessionnaires des mines, selon la loi du 11 avril 1810, paient annuellement à l'État deux redevances; l'une fixe et qui peut être considérée comme le prix de l'acquisition; l'autre proportionnée au produit de la mine, réglée dans tous les budjets. Les mines sont des immeubles. La loi de 1810 déclare propriétaires ceux à qui elles sont concédées. La dernière de ces redevances est donc un impôt foncier et direct qui doit compter à l'électeur (Solut. du 18 août 1817).

Remises d'impôts.

Certains immeubles sont exempts d'impositions pendant un temps déterminé, à raison, ou de pertes éprouvées, ou de l'intérêt qu'a l'Etat de favoriser d'importantes constructions dont la vente contribue à l'ornement des villes. Dans ce dernier cas, sont les maisons de la rue de Rivoli, à Paris, et de la place Bellecourt, à Lyon. Les propriétaires ont demandé qu'on leur tînt compte, selon diverses proportions, de la valeur de ces immeubles. On a fait une distinction entre les propriétaires auxquels une exemption ou réduction d'impôt a été accordée pour perte, et ceux qui l'ont obtenu pour de nouvelles constructions. Lorsqu'il s'est agi de remise temporaire de contribution pour causes de pertes éprouvées, l'administration a consenti à conserver la qualité d'électeurs à ceux qui avaient éprouvé le dégrèvement; dans le second cas, elle a décidé que, le propriétaire ne payant pas, pour le moment, de contribution, il ne pouvait être mis sur la liste électorale. Relativement à ce dernier cas, la même doctrine a été reconnue par arrêt de la Cour royale de Rouen, du 28 août 1829.

Ajoutons, pour le même cas, que, comme l'exemption est un privilège, et comme on peut toujours renoncer à un privilège, l'électeur qui offrira de payer devra être inscrit, s'il a l'année de possession.

Supplément d'octroi.

L'impôt mobilier est remplacé dans quelques villes par un supplément d'octroi. Il a été décidé, par une ordonnance du roi en conseil d'Etat, du 10 avril 1828, et par un arrêt de la cour royale de Rouen du 28 août 1829, que la contribution mobilière, ainsi changée en supplément d'octroi, devient *contribution indirecte* et ne peut faire partie de la quote électorale.

Impositions coloniales.

Des colons domiciliés en France ont aussi quelquefois présenté des états des contributions qu'ils paient dans les colonies, et demandé à les faire entrer dans le cens électoral. Une ordonnance du roi, en Conseil d'Etat, du 30 décembre 1823, a rejeté cette demande en se fondant sur l'art. 3 de la loi du 29 juin 1820, qui veut que la liste contienne la quotité et l'espèce des contributions de chaque électeur, avec l'indication des *départemens* où elles sont payées.

N° 2. D'après les règles de l'administration, la contribution foncière doit profiter, 1° à l'acquéreur à réméré et non au vendeur; 2° au propriétaire de biens engagés par antichrèse, et non à l'engagiste qui n'est ni propriétaire, ni usufruitier, mais créancier saisissant; 3° au preneur à bail emphytéotique; 4° au propriétaire de l'immeuble grevé de rentes, appelées originairement *rentes foncières*; 5° au preneur des biens concédés à *locatairie perpétuelle* (Solut. du 16 sept. 1820). *Réméré. Antichrèse. Emphytéose. Rentes foncières. Locatairie perpétuelle.*

La contribution foncière payée par le fermier ou locataire, même lorsque celui-ci en est chargé par son bail, et que son nom est porté sur le rôle, doit toujours être comptée au propriétaire pour l'exercice du droit électoral (Ordonnance, en Conseil d'Etat, du 5 juin 1822). *Fermier.*

Lorsque la nue-propriété est dans une main et l'usufruit dans une autre, la contribution foncière doit être comptée à l'usufruitier (Art. 597 du Code civil; Montpellier, 12 octobre 1829). *Nue-propriété.*

Lorsqu'un bien resté dans l'indivision est imposé sous le nom d'un des cohéritiers ou des copropriétaires, chacun de ces derniers peut profiter de sa part dans la contribution de l'immeuble proportionnellement à ses droits de propriété. Peut-être exigera-t-on qu'il justifie de ses droits par titres authentiques; cependant la Cour royale de Bourges, par arrêt du 6 novembre 1829, a pensé que la preuve de l'indivision était suffisamment établie par un certificat du percepteur, visé par le maire, et que la production de cette pièce dispenserait de rapporter des titres authentiques. Si l'électeur peut se procurer des titres authentiques, il devra le préférer à toute autre manière de faire la preuve. *Indivision.*

Si l'un des cohéritiers a reçu des avantages particuliers, il doit en justifier pour se faire compter une plus forte quantité dans la contribution. Tant qu'on n'administre pas la preuve contraire, il y a présomption que les cohéritiers possèdent proportionnellement à leurs droits successifs (Solut. du 18 septembre 1820; Rouen, 20 janvier; Toulouse, 23 novembre 1829). *Héritier avantagé.*

Acquéreurs d'un bien partagé. Si un bien a été vendu à plusieurs acquéreurs qui se le sont partagé, et que le cadastre n'ait pas encore déterminé la contribution de chaque portion, mais que les acquéreurs se soient engagés mutuellement à payer chacun telle portion déterminée des contributions du bien vendu, chacun d'eux peut profiter de cette portion d'impôt, puisqu'elle représente la contribution de sa portion de propriété ; il faut toutefois que la possession ait un an de date, et que le partage des contributions, entre tous les acquéreurs, soit justifié par acte authentique (Solut. du 11 septembre 1820).

Vendeur qui s'est réservé la jouissance. Lorsque le propriétaire, en vendant un immeuble, s'en est réservé la jouissance, et s'est chargé d'en payer la contribution pendant un temps déterminé, deux ordonnances, en Conseil d'Etat, du 27 janvier 1828, ont jugé qu'il n'y avait pas lieu de lui attribuer cette contribution pour le calcul de son cens électoral.

Donateur qui s'est réservé l'usufruit. Lorsqu'en faisant une donation entre-vifs le donateur s'est réservé l'usufruit du bien concédé, à la charge par le donataire qui reçoit la nu-propriété de payer la contribution foncière, cette contribution doit profiter au donateur pour l'exercice du droit électoral. La contribution est une charge de l'usufruit (Poitiers, 10 décembre 1828 ; confirmé, Cassation, 9 avril 1829).

Cohéritiers. On doit compter à un cohéritier sa portion intégrale des contributions de l'hérédité quoique les autres cohéritiers aient un préciput en argent, les cohéritiers avantagés n'ont en effet qu'une créance sur les immeubles de la succession (Pau, 10 décembre 1828).

Quotité disponible. L'administration peut-elle réduire le cens d'un électeur sous prétexte que les biens qu'il possède proviennent d'un legs ou d'une donation excédant la quotité disponible ? (Rés. nég. Bourges, 3 décembre 1829.)

Portes et fenêtres. Qui doit profiter, du propriétaire ou du locataire, de l'impôt des portes et fenêtres ?

C'est le locataire ; ainsi jugé par les Cours d'Amiens, Caen, Metz, Paris, Rennes et Toulouse, et la Cour de cassation.

En cas de non-location, la contribution des portes et fenêtres doit profiter au propriétaire (Paris, 21 octobre et 20 novembre 1829.)

Porte cochère. L'impôt de la porte cochère doit être attribué au propriétaire (Caen, 29 décembre 1828.)

Hôtel garni. Le maître d'un hôtel garni, qu'il soit propriétaire ou locataire, de même que le propriétaire ou locataire qui loue des appartemens garnis peut s'attribuer l'impôt des portes et fenêtres (Solut. du 3 novembre 1820).

Le médecin attaché à un établissement public, et qui, en cette qualité, est exempt du paiement de la patente, ne peut se faire compter la patente qu'il paierait sans cette exception. Il est dans une position analogue à celle du propriétaire d'une maison exempte d'impôt (Solut. du 3 novembre 1820).

La patente du père ne peut être comptée aux enfans qui continuent son commerce (Rennes, 24 décembre 1828).

On ne peut faire admettre dans son cens électoral une patente inscrite sous le nom d'une autre personne, en prétendant que cette personne aurait cédé son commerce au réclamant (Rennes, 24 décembre ; — Riom, 26 novembre 1828).

N° 3. L'impôt foncier doit être réparti selon la proportion des intérêts des associés dans la société (1).

Si l'acte de société, ou tout autre acte authentique ou sous seing privé enregistré, attribue aux associés des droits inégaux dans la société, l'impôt sera réparti dans la proportion de ces droits ; si on ne justifie pas de droits inégaux dans la société, les parts sociales étant alors censées égales, la répartition doit se faire également entre tous les associés, lors même qu'ils ne seraient qu'actionnaires, si toutefois les actions sont nominatives, et non au porteur.

Quant à l'impôt des portes et fenêtres, il faut considérer si les associés habitent ou non l'immeuble, et dans le premier cas, si les locations sont distinctes ou si la location est faite à l'un deux ou indistinctement à tous, pour et au nom de la société.

Si les habitations sont distinctes, chaque associé profitera de l'impôt assis sur les ouvertures de l'habitation qu'il occupe.

Si les locations sont faites pour et au nom de la société, l'impôt sera social et devra être réparti entre les associés de la manière établie ci-dessus.

Relativement aux patentes, les lois du 1er brumaire an VII,

---

(1) Nous avons réuni ici tout ce qui concerne les sociétés, à cause du grand nombre et de l'importance des questions électorales auxquelles elles donnent lieu.

21 mars 1817, et 15 mai 1818, portent que, pour les sociétés en nom collectif, il est payé un seul droit fixe par le *principal associé*, un demi-droit fixe par chacun des autres associés, et un seul droit proportionnel par l'associé principal.

Que doit-on entendre par *associé principal* ?

Il ne peut y avoir de doute si les associés figurent tous au rôle des patentes, c'est celui qui est inscrit pour un droit fixe intégral.

Si tous les associés ne figurent pas au rôle, dans ce cas, le principal associé est celui qui figure seul au rôle, qui est le seul nommé, ou le premier nommé dans la raison sociétés.

Le demi-droit est payé par chacun des autres associés.

Par une disposition spéciale (Lois du 25 mars 1817, article 67, et du 15 mai 1818, article 62), les sociétés qui exploitent des filatures ou fabriques à métiers, ne sont asssujéties qu'à un seul droit fixe, quel que soit le nombre des associés. Dans ce cas, la totalité de la patente doit être partagée entre les associés proportionnellement à leur part d'intérêt, suivant ce qui est dit ci-dessus.

A la différence du droit fixe, le droit proportionnel porte sur l'établissement industriel, et par conséquent sur la société entière, bien que le paiement doive en être effectué par un seul des associés. Cet associé, quoique constitué par la loi seul responsable de la patente proportionnelle, ne fait en cela que payer pour la société et à sa décharge.

D'où il suit que ce droit devra être réparti entre tous les associés, dans la proportion de leurs intérêts dans la société, ou par portion égale, si les droits des associés sont égaux.

A la différence de l'impôt foncier, la patente ne se répartit point entre les simples actionnaires; impôt industriel, elle ne peut profiter qu'aux associés gérans ou administrateurs, qui seuls exercent de fait la profession ou l'industrie imposée.

(Voyez pour les motifs de toutes ces solutions la consultation du 18 mars 1830, publiée par la société AIDE-TOI, LE CIEL T'AIDERA.)

La jurisprudence n'est pas encore fixée sur quelques-unes d'elles.

N° 4. Dans quels cas peut-on, par exception, profiter de contributions payées par d'autres? Ces exceptions sont au nombre de trois. *Des contributions déléguées.*

1° Le mari profite des contributions payées par sa femme (Loi du 5 février 1817, art. 2); 2° le père, de celles de ses enfans mineurs (*Id., ibid.*); 3° le fils, petit-fils ou gendre d'une veuve des contributions qu'elle paie (Loi du 29 juin 1820, art. 5).

La loi compte au mari les contributions de sa femme, *même non commune en biens.* Les contributions de la femme divorcée ne peuvent profiter à son ancien mari, s'ils n'ont pas contracté un second mariage (Solut., 26 mars 1819); elles lui comptent, au contraire, s'ils ne sont que séparés de biens ou de corps. *Mari.*

Le mari ne peut profiter que des contributions qui serviraient à la femme elle-même, si son sexe ne la rendait inhabile aux fonctions électorales. D'où il suit, 1° que toutes les règles qui s'appliquent aux personnes à qui les contributions doivent être imputées, sont fictivement applicables à la femme, pour devenir la mesure des droits du mari (Solut. du 23 octobre 1820); 2° qu'on n'imputera pas l'impôt assis sur les biens des enfans que la femme remariée a eus du premier lit, car elle ne jouit pas de ces biens, conservât-elle la tutelle (Cod. civ., 386); 3° qu'il en est de même des contributions afférentes à la succession indivise de la femme, fût-elle administrée par le mari veuf, et encore bien que les époux se soient mariés sous le régime de la communauté, et que les héritiers se soient réservé la faculté d'accepter la succession ou d'y renoncer (Solution du 7 septembre et 3 novembre 1820).

Pour que le père puisse compter les contributions de ses enfans, il faut que ceux-ci soient *mineurs,* et qu'il ait la *jouissance de leurs biens.* D'où la conséquence, 1° que le père et le fils ne sont plus autorisés, comme sous la législation antérieure à 1817, à se céder respectivement une partie ou la totalité de leurs contributions ; 2° que, si ses enfans sont émancipés, ou qu'il n'en ait la tutelle qu'en qualité d'aïeul, l'ascendant, ne jouissant pas de leurs biens, ne pourra se prévaloir de leur impôt (Code civil, 384; Solut., 30 mars 1820). *Père.*

La veuve peut déléguer ses contributions foncières à son fils, petit-fils ou gendre. *Veuve.*

Une veuve mariée ne peut déléguer, à ses enfans du premier lit, les contributions de biens dont ils auraient la nue-propriété, et dont elle serait usufruitière. Elles comptent au second mari (Solut., 29 novembre 1820).

La femme divorcée peut-elle être assimilée à la veuve, et déléguer ses contributions? (Résolution négative, Rennes, 8 décembre 1828.) Cette solution est susceptible de controverse.

La loi a réglé un ordre hiérarchique entre les diverses personnes appelées à représenter la veuve. Le fils a la préférence sur le petit-fils, et celui-ci sur le gendre. — De ces mots, *à défaut de fils et petit-fils, à l'un de ses gendres*, le Conseil d'Etat avait conclu que la délégation au gendre serait nulle, lors même que le fils ou petit-fils seraient incapables (22 octobre 1820).

L'opinion contraire a déjà reçu la sanction unanime de dix Cours royales (Limoges, Amiens, Rennes, 1, 27, 28 septembre; Lyon, 16 janvier; Montpellier, 2 avril; Paris, 8 octobre et 2 décembre; Agen et Colmar, 14 et 27 novembre; Dijon et Toulouse, 17 décembre 1828.)

La délégation ne peut pas se faire proportionnellement entre plusieurs enfans ou gendres de la veuve. La loi ne lui donne qu'un mandataire (Solut. 29 septembre 1820). Mais le même individu a qualité sans contredit pour recevoir les délégations de plusieurs de ses ascendantes.

La désignation faite par la veuve n'a pas besoin d'être renouvelée pour chaque élection. Elle cesse de droit pour les diverses causes qui la rendent incapable de déléguer. Elle cesse par sa volonté, quand elle la révoque expressément. La révocation doit s'opérer dans la même forme que la délégation.

Les délégations, comme leurs révocations, ne sont soumises qu'à l'enregistrement du droit fixe d'un franc (Décision de la Régie du 10 juillet 1824, et Instruction générale du 18 décembre même année, n° 1150, § 3).

L'administration a pensé qu'elle doit être notariée et accompagnée d'un certificat du maire, attestant que la veuve est dans la situation de famille et de fortune où la délégation est valable (solution du 4 septembre 1820).

Toutefois, la Cour royale de Metz, par arrêt du 23 novembre 1829, a déclaré admissible la délégation sous seing

privé; mais, dans ce cas, on ferait bien de faire légaliser la
signature de la veuve.

§ V. *Conditions relatives à la possession annale.*

L'art. 4 de la loi du 29 juin 1820 est ainsi conçu : « Les contributions directes ne seront comptées, pour être électeur ou
éligible, que lorsque la propriété foncière aura été possédée,
la location faite, la patente prise, et l'industrie sujette à patente
exercée une année avant l'époque de la convocation du collège électoral. Ceux qui ont des droits acquis avant la publication de la présente loi, et le possesseur à titre successif,
sont seuls exceptés de cette disposition. »

L'année exigée doit être comptée ainsi qu'il suit, savoir :

S'il s'agit d'une propriété, à partir du jour où a com-
mencé le fait matériel de la jouissance ou de la possession
prolongée pendant une année, et attestée par le maire.

S'il s'agit d'une location, à partir de l'entrée en jouissance
de l'appartement ou de la maison qui sont l'objet de la location ;

S'il s'agit de l'exercice d'une industrie, à partir de la délivrance de la patente, pourvu qu'il y ait eu exercice réel de
commerce ou d'industrie.

Un particulier qui vend ses biens, et en rachète immédiatement d'autres à peu près de même valeur, et payant à peu
près les mêmes contributions, n'est pas dispensé de la possession annale (Paris, 4 mai 1829).

L'administration a cependant considéré qu'on pouvait admettre les contributions d'un bien acquis depuis moins d'un
an, en remplacement d'un autre, dans le cas du remploi des
biens de la femme, ainsi qu'il est prévu par les art. 1434 et
1435 du Code civil, pour le mariage sous le régime de la
communauté, et par l'art. 1559 pour le mariage sous le régime dotal (circulaire du 2 septembre 1822).

On doit considérer comme possesseur à titre successif et
excepter en conséquence de l'année de possession, non-seulement l'héritier légal, mais l'héritier testamentaire, léga-
taire ou donataire après décès, attendu que, dans ces diffé-
rentes circonstances, il ne peut y avoir soupçon de fraude

ou de simulation, et que la propriété est transmise irrévocablement.

La condition d'une année de possession, de location ou d'industrie, exigée de l'électeur ou l'éligible, doit l'être aussi pour les biens, l'habitation ou l'industrie de sa femme, et pour les biens de ses enfans mineurs ou de ses ascendans, dont les contributions lui sont comptées (Favard de Langlade).

Mais il n'est pas besoin que le mariage ait un an de date pour que le mari profite des contributions des biens que sa femme possédait, de l'appartement qu'elle occupait, et de l'industrie qu'elle exerçait depuis un an; ou pour les propriétés qu'elle a reçues à titre successif, ou même pour celles qu'elle a reçues en dot de ses parens.

Il n'est pas nécessaire non plus que la délégation faite par une veuve à ses enfans ou gendre ait une année de date.

L'une des questions les plus controversées a été celle de savoir si lorsqu'un père fait à son fils une donation entre vifs, ou lorsqu'il fait entre tous ses enfans le partage de ses biens, cette donation ou ce partage qui, sous l'ancienne jurisprudence, étaient qualifiés *d'avancement d'hoirie*, doivent être considérés comme transmettant la propriété à *titre successif*, et dispenser par conséquent les enfans de la possession annale?

Le Conseil d'État (ordonn. du 14 octobre 1827, et 5 juin 1828) et les Cours royales de Caen et de Paris (arrêts des 19 janvier et 25 août 1829), ont décidé que la possession annale était nécessaire. Nous pensons comme les Cours royales d'Angers, de Douai et de Dijon (arrêts des 20 mars, 11 et 21 septembre 1829), que cette possession n'était pas nécessaire.

Les précédens de la Chambre des députés sont conformes à l'opinion que nous adoptons (voir notamment la délibération prise à l'égard de M. Gellibert, député de la Charente).

Celui qui possède depuis plus d'un an la nue-propriété d'un bien, dont il n'a l'usufruit que depuis moins d'une année, ne peut profiter des contributions de ce bien (Ordonnance du 6 avril 1821).

Lorsqu'un bien, provenant de succession ou acquis à tout autre titre, était possédé par indivis, et que l'indivision vient à cesser, la liquidation qui l'attribue à l'un des propriétaires doit-elle avoir un an de date pour que les contributions lui

soient comptées? (Rés. affirm. Conseil d'Etat, 25 janv. 1814;
Amiens, Nanci, Orléans et Rouen, des 24 novembre, 11
et 13 décembre 1818, et 14 janvier 1819.)

Lorsque l'indivision n'a pas cessé, et que l'un des cohéritiers a fait l'acquisition des portions de quelques-uns des cohéritiers, ces portions ainsi acquises sont-elles à son égard dispensées de la possession annale? (Rés. négat. Paris, 20 novembre 1829).

§ VI. *Conditions relatives au domicile politique.*

Dans tous les cas où il n'y a pas déclaration contraire, le domicile politique est le même que le domicile réel. Domicile réel.

Voy. pour ce dernier domicile art. 102 à 107, Cod. civ.; loi du 5 février 1817, art. 3; Ord. 22 et 27 octobre, 2 novembre 1820; 6 avril, 15 juillet 1821; 4 juillet 1822; 21 septembre 1827; Bourges, 13 novembre 1829.

Pour séparer les deux domiciles, il faut, six mois d'avance, déclarer le changement de domicile politique à la préfecture du département où l'on a son domicile politique actuel, et à *celle* du lieu où l'on entend le transporter à l'avenir. Ce délai de six mois commence à courir de la dernière des deux déclarations. Déclaration.

Il faut encore que l'électeur paie des contributions directes dans le département ou l'arrondissement électoral où il veut établir son domicile politique (*Id., ibid.*). Contributions.

Il est nécessaire de prendre garde que la déclaration dont parle l'art. 103 du Code civil pour la translation du domicile réel n'est pas suffisante pour opérer celle du domicile politique. Cette dernière déclaration doit être *spéciale* (Art. 3 du décret du 17 janvier 1806; Paris, 19 janvier 1829).

La loi n'exige le paiement des contributions dans le lieu du domicile politique, que pour le cas de séparation de deux domiciles. Si le domicile réel est au même endroit, cette condition n'est pas nécessaire (Ordonn. du 2 novembre 1820 et 6 avril 1821; Rennes, 30 octobre 1829).

Ainsi la loi n'exige pas le paiement de contributions au domicile réel, pour qu'on puisse y exercer ses droits politiques.

Fonctionnaires.

L'art. 106 du Code civil, qui attache la translation immédiate du domicile du fonctionnaire nommé à vie à l'acceptation de ses fonctions, ne lui ôte pas le droit d'élire son domicile politique ailleurs que dans le lieu où il les exerce, en faisant les déclarations imposées.

L'art. 25 de la loi du 2 juillet 1828 a remédié à un grave et fréquent abus, en ôtant aux chefs de l'administration le pouvoir scandaleux d'envoyer, à l'improviste, des fonctionnaires pour former la majorité dans les collèges où elle était incertaine. Tous les individus appelés à des fonctions publiques temporaires ou révocables, sont soumis à la double déclaration et aux mêmes délais que les autres citoyens.

Une remarque importante à faire, c'est que sous l'empire de la loi du 5 février 1817, comme il n'existait que des collèges de départemens, on n'avait envisagé le changement de domicile politique qu'autant qu'il s'agissait de le transférer d'un département à un autre. Mais la loi du 29 juin 1820

Arrondissemens.

ayant créé des collèges d'arrondissemens, il s'est élevé la question de savoir si les règles sur la translation du domicile politique de département à département, et notamment la nécessité d'une déclaration de changement faite six mois d'avance, s'appliquait également à la translation de ce domicile d'un arrondissement à un autre situé dans le même département (Rés. aff. ; ordonnance du 2 novembre 1820 ; Amiens, 20 novembre 1829 ; cour de Cassation, 22 février 1830).

Si l'électeur cesse de payer des contributions dans le département ou dans l'arrondissement où il possédait le domicile politique séparé du domicile réel, la condition à laquelle il le possédait n'existant plus, la séparation cesse de droit, et le domicile politique se réunira au domicile réel, sans qu'il soit besoin d'aucune déclaration, d'aucune formalité ; c'est-à-dire que l'exception cesse pour faire place au droit commun (Circulaire du 24 décembre 1823).

CHAPITRE II.

DES LISTES ÉLECTORALES.

§ Ier. *De la manière donton procède à la formation des listes électorales.*

Du 1er au 10 juin de chaque année, et aux jours qui sont Préparation. indiqués par les sous-préfets, les maires des communes composant chaque canton se réunissent à la mairie du chef-lieu, sous la présidence du maire, et procèdent à la révision de la portion de la liste formée en vertu de la loi du 2 mai 1827, qui comprend les citoyens de leur canton appelés à faire partie de cette liste ; ils sont assistés dans cette opération des percepteurs de l'arrondissement cantonnal (art. 2 de la loi du 2 juillet 1828).

Dans les villes qui forment à elles seules un canton ou qui sont partagées en plusieurs cantons, la révision des listes est effectuée par le maire, les adjoints et les trois plus anciens membres du Conseil municipal, selon l'ordre du tableau. Les maires des communes qui dépendent de l'un de ces cantons sont aussi appelés à la révision ; ils se réunissent tous sous la présidence du maire de la ville.

A Paris, les maires des douze arrondissemens, assistés des percepteurs, procèdent à la révision, sous la présidence du doyen de réception (art. 3 de la même loi).

Le résultat de cette opération est transmis au sous-préfet, qui, avant le 1er juillet, l'adresse, accompagné de ses observations, au préfet du département (*id.*, art. 4).

A partir du 1er juillet, le préfet procède à la révision géné- Révision. rale des listes. Il y ajoute les citoyens qu'il reconnaît avoir acquis les qualités requises par la loi, et ceux qui ont été précédemment omis. Il en retranche : 1o les individus décédés ; 2o ceux qui ont perdu les qualités requises ; 3o ceux dont l'inscription a été déclarée nulle par les autorités compétentes ; 4° enfin ceux qu'il reconnaît avoir été induement inscrits, quoique leur inscription n'ait pas été attaquée. Il tient un registre de toutes ces décisions, et il fait mention de leurs motifs et des pièces à l'appui (*id.*, art. 5 et 6).

La liste ainsi préparée doit comprendre toutes les personnes qui remplissent les conditions requises pour faire partie des collèges électoraux du département, et contenir, en regard du nom de chaque individu inscrit, l'indication des arrondissemens de perception où il paie des contributions, propres ou déléguées, ainsi que la quotité et l'espèce des contributions pour chacun des arrondissemens (art. 3 de la loi du 29 juin 1820 ; art. 2 de celle du 2 mai 1827 ; art. 7 de la loi du 2 juillet 1828).

Affiches.

Cette liste doit être affichée au chef-lieu de chaque commune, au plus tard le 15 août, et être arrêtée et close le 30 septembre. Un exemplaire en est déposé et conservé au secrétariat des mairies, des sous-préfectures et des préfectures, pour être donné en communication à toutes les personnes qui le requièrent (art. 3 de la loi du 2 mai 1827 ; art. 7 de la loi du 2 juillet 1828).

La publication dont il vient d'être question tient lieu de notification des décisions intervenues aux individus dont l'inscription a été ordonnée.

Notification.

Toute décision ordonnant radiation doit être notifiée, dans les dix jours, à celui qu'elle concerne, ou au domicile qu'il est tenu d'élire pour l'exercice de ses droits politiques, s'il n'habite pas le département.

Cette notification, et toutes celles qui ont lieu pour le même objet, doivent être faites suivant le mode employé pour les jurés, en exécution de l'art. 389 du Code d'instruction criminelle (art. 8 de la loi du 2 juillet 1828).

Les dix jours dans lesquels doit être notifiée la décision ordonnant radiation se comptent à partir de la date de ces décisions, et non de la publication de la liste (circulaire du 25 août 1828).

La liste une fois affichée, l'action pure de l'administration cesse, et commence sa juridiction. Ce n'est plus que sur réclamation, et par voie de décision administrative, qu'il peut être ajouté ou retranché à la liste.

Tableau de rectification.

Il est publié tous les quinze jours un tableau de rectification, conformément aux décisions rendues dans cet intervalle, sur les réclamations, soit des parties intéressées ou de leurs fondés de pouvoirs, soit des tiers, dans la forme dont il va être ci-après parlé.

Ce tableau, qui doit présenter les indications mentionnées dans l'art. 7 de la loi du 2 juillet 1828, tient lieu de notification aux individus dont l'inscription a été ordonnée.

Les décisions portant refus d'inscriptions, ou prononçant des radiations, doivent être notifiées, dans les cinq jours de leur date, aux individus dont l'inscription ou la radiation a été réclamée, soit par eux-mêmes, soit par des tiers.

Les décisions rejetant les demandes en radiation ou rectification doivent être notifiées dans le même délai, tant au réclamant qu'à l'individu dont l'inscription a été contestée (loi du 2 juillet 1828, art. 15).

Le 16 octobre, le préfet procède à la clôture de la liste; le dernier tableau de rectification, l'arrêté de clôture, et la liste du collège départemental, dans les départemens où il y a plusieurs collèges, doivent être affichées le 20 du même mois (*ib.*, art. 16). Clôture.

Il ne peut plus être fait de changement à la liste qu'en vertu d'arrêts rendus dans la forme dont il sera question ci-après (*ib.*, art. 17).

La liste ainsi préparée et arrêtée devient permanente (*ib.*, art. 1er).

Il doit être donné communication des listes annuelles et des tableaux de rectification à tous les imprimeurs qui veulent en prendre copie; il leur est permis de les faire imprimer sous tel format qu'il leur plaît de choisir, et de les mettre en vente (*ibid.*, art. 27). Impression
des listes.

§ II. *Des réclamations sur la révision des listes.*

A compter du 15 août, jour de la publication des listes, il est ouvert, au secrétariat-général de la préfecture, un registre coté et paraphé par le préfet, sur lequel sont inscrites, à la date de leur présentation, et suivant un ordre de numéros, toutes les réclamations concernant la teneur des listes. Ces réclamations sont signées par le réclamant ou par son fondé de pouvoirs (loi du 2 juillet 1828). Registres.

A COMPTER DE LA MÊME ÉPOQUE (15 AOUT) AUCUNE INSCRIPTION NE PEUT PLUS ÊTRE FAITE D'OFFICE PAR LE PRÉFET. IL NE PEUT PORTER SUR LA LISTE QUE LES ÉLECTEURS

DONT LA RÉCLAMATION D'INSCRIPION EST FAITE SOIT PAR EUX-
MÊMES, SOIT PAR UN TIERS. (Aix, 5 mai 1830).

Récépissé. « Le secrétaire-général doit donner récépissé de chaque réclamation et des pièces à l'appui ; ce récépissé énonce la date
et le numéro de l'enregistrement (*ibid.*, art. 10).

Réclamations. Tout individu qui croirait devoir se plaindre, soit d'avoir
été indûment inscrit, omis, ou rayé, soit de toute autre erreur commise à son égard dans la rédaction des listes, peut,
jusqu'au 30 septembre inclusivement, présenter sa réclamation, qui doit être accompagnée de pièces justificatives
(*ib.*, art. 11).

Mandataire. Dans le cas où le réclamant agirait par l'intermédiaire
d'un fondé de pouvoirs, celui-ci doit joindre aux pièces le
mandat qui lui a été confié. Ce mandat peut être en forme
de simples lettres (circulaire des 9 octobre 1827 et 25 août
1828).

La Cour royale de Rouen a même jugé que le porteur des
pièces de l'individu non inscrit, qui se prétend chargé d'un
mandat verbal, est admissible à réclamer l'inscription de
celui-ci, en vertu de l'art. 14 de la loi du 2 juillet 1828 (arrêt du 20 décembre 1828).

Cette Cour nous paraît avoir mieux interprété la loi que
la circulaire, qui veut qu'on joigne aux pièces le mandat, ce
qui suppose que la remise des pièces par l'électeur à un tiers
ne dispenserait pas ce tiers de l'obligation de représenter un
mandat.

Toutefois, on fera bien de se procurer, autant qu'on le
pourra, un mandat en forme.

Si un mandat est produit, la signature de ce mandat doit
être légalisée (Lyon, 15 octobre 1829).

Décision. Le préfet doit rendre, en Conseil de préfecture, une décision motivée sur les demandes adressées par des parties ré-
clamantes, ou par leurs fondés de pouvoirs, dans les cinq
jours qui suivent leur réception (l. 2 juillet 1828, art. 14).

Clôture des Le registre destiné à recevoir les réclamations est clos le
réclamations. 30 septembre ; ce jour, les bureaux de la préfecture doivent
être ouverts jusqu'à minuit, fût-ce même un jour férié
(art. 3 de la l. 2 mai 1827 ; circulaire du 25 août 1828).

Un réclamant, qui aurait formé sa demande avant le 30
septembre, sans l'appuyer de pièces justificatives, pourrait-il
être admis à les produire après cette époque? (résol. négat.,
Rouen, 13 décembre 1828.)

§ III. *De l'intervention des tiers.*

A partir du 15 août jusqu'au 30 septembre inclusive-Délai. ment, tout individu *inscrit sur la liste* peut réclamer l'inscription de tout citoyen qui n'y est pas porté, quoique réunissant toutes les conditions nécessaires, la radiation de tout individu qu'il prétend y être induement inscrit, ou la rectification de toute autre erreur commise dans la rédaction des listes.

Il doit motiver sa demande, et l'appuyer de pièces justifi-Pièces justificatives. catives (loi du 2 juillet 1828, art. 12).

Aucune des demandes dont il vient d'être question ne peutNotification. être reçue, lorsqu'elle est formée par des tiers, qu'autant que le réclamant y a joint la preuve qu'elle a été par lui notifiée à la partie intéressée, laquelle a dix jours pour y répondre, à partir de celui de la notification (*ibid.*, art. 13).

La notification dont il vient d'être parlé doit être effectuée par huissier (circulaire du 25 août 1828).

Le préfet doit statuer, en Conseil de préfecture, sur lesDécision des préfets. demandes introduites par des tiers, dans les cinq jours qui suivent le délai de dix jours laissé à la partie intéressée pour qu'elle puisse répondre à la demande dirigée contre elle.

Les décisions du préfet, statuant en Conseil de préfecture, doivent être motivées.

La communication, sans déplacement, des pièces respec-Communication de pièces. pectivement produites sur la question en contestation doit être donnée à toute partie intéressée qui le requiert.

Le tiers intervenant n'a pas besoin de justifier de sa qualité d'électeur, puisque le secrétaire-général, qui reçoit les réclamations, peut s'assurer s'il est inscrit sur la liste (1).

Lorsqu'une demande est présentée par un individu non recevable, ou n'est pas accompagnée des formalités prescrites par la loi, il n'y a pas lieu de l'introduire au Conseil de préfecture (circulaire du 25 août 1828).

L'action ne serait plus recevable si la notification de la réclamation à la partie intéressée était faite postérieurement au 30 septembre (Rennes, 16 décembre 1828 et 10 janvier 1829).

(1) M. Favard de Langlade, *Législation électorale*, p. 187.

L'électeur dont l'inscription est attaquée par un tiers peut au contraire justifier, après le 30 septembre, de contributions qu'il n'avait pas déclarées avant cette époque (Caen, Rennes, Paris, 29 décembre 1828, 9 janvier, et 20 novembre 1829).

Mais il n'aurait pas suffi que la loi du 2 juillet 1828, destinée à mettre un obstacle aux fraudes électorales, eût reconnu aux tiers le droit d'intervenir dans ces importantes opérations, si elle n'eût mis encore à leur disposition la possibilité de consulter les registres des percepteurs, et de s'en faire délivrer des extraits.

Percepteurs. L'article 26 de cette loi est ainsi conçu : « Les percepteurs de contributions directes sont tenus de délivrer sur papier libre, et moyennant une rétribution de 25 c. par extrait de rôle concernant le même contribuable, à toute personne portée au rôle, l'extrait relatif à ses contributions, et à tout individu qualifié comme il est dit ci-dessus, tout certificat négatif, ou tout extrait des rôles de contributions. »

L'administration a été consultée sur une difficulté relative à la manière de vérifier la portion d'impôts des portes et fenêtres qui doit être attribuée au locataire. Cette difficulté résulte de ce que l'impôt dont il s'agit est inscrit au rôle sous le nom du propriétaire. Or, un tiers qui attaque une inscription est obligé (art. 13) de l'appuyer de pièces justificatives. Mais s'il conteste la quotité d'impôt attribuée à un locataire, il ne peut obtenir du percepteur des contributions qu'un extrait du rôle comprenant, au nom du propriétaire, l'impôt afférent à la totalité de la maison ; et, s'il n'avait pas d'autre moyen d'obtenir d'autre renseignement, le vœu de la loi serait éludé.

Voici comment il est possible d'y remédier : le calcul de la portion d'impôt afférente au locataire se fait ordinairement au moyen d'un certificat du propriétaire, et quelquefois au moyen d'un procès-verbal de recensement dressé par un agent des contributions directes, et le résultat en est indiqué sur l'extrait de rôle délivré par le percepteur. Il convient que le préfet communique ces renseignemens au réclamant, ou ordonne au percepteur de les communiquer (Solut. du 14 janvier 1829).

§ IV. *Du recours contre les décisions des préfets en Conseils de préfecture.*

On a vu par ce qui précède que toutes les difficultés qui s'élèvent à l'occasion de la confection des listes électorales sont jugées en premier ressort par les préfets en conseil de préfecture.

Les parties intéressées elles-mêmes, ou les tiers réclamans qui se croient fondés à contester une décision ainsi rendue, peuvent porter leur action devant la Cour royale du ressort. Dans ce cas, l'exploit introductif d'instance doit, sous peine de nullité, être notifié dans les dix jours tant aux préfets qu'aux parties intéressées.

Ce délai de dix jours n'est pas susceptible de l'augmentation à raison de la distance, établie par l'art. 1033 du Code de procédure civile (Agen, 15 janvier et 12 février 1829).

Si la décision du préfet en conseil de préfecture a rejeté une demande d'inscription formée par un tiers, l'action ne peut être intentée que par l'individu dont l'inscription était réclamée.

La cause doit être jugée sommairement, toutes affaires cessantes, et sans qu'il soit besoin du ministère d'avoué. Les actes judiciaires auxquels elle donne lieu sont enregistrés gratis. L'affaire est rapportée en audience publique, et l'arrêt est prononcé après que le ministère public est entendu (Loi du 2 juillet 1828, art. 18).

Le préfet, sur la notification de l'arrêt intervenu, est tenu de faire, sur la liste, la rectification prescrite.

Il résulte, de la manière la plus formelle des déclarations de M. le garde des sceaux et du ministre de la marine, dans la discussion de la loi du 27 juillet 1828, qu'aucun conflit ne peut plus être élevé en matière électoral e (1).

Le recours devant la Cour royale n'est point un appel, mais une action principale et directe (Paris, 8 octobre 1828).

Le préfet doit-il être considéré comme étant *partie* dans l'instance, et assigné en cette qualité devant Cour royale?

Il existe un grand nombre d'arrêts sur cette question ; les uns ont jugé que le préfet devait être partie en cause ; d'autres que l'instance avait lieu seulement en sa présence ; d'autres enfin n'établissent aucune qualité à l'égard du préfet.

____

(1) *Moniteur du 9 mai 1828.*

Presque tous les arrêts arrivent à un même résultat, savoir, que le préfet doit être mis en cause ; ainsi l'a jugé la Cour de cassation, par arrêt du 22 février 1830.

Dépens. Le préfet peut-il être condamné aux dépens ?

Cette question a été résolue négativement par arrêt de la Cour royale de Nanci, du 24 novembre 1828. Cette Cour avait d'abord jugé le contraire par arrêt du 10 du même mois.

Les autres Cours royales qui ont eu à juger cette question ont, en réformant les arrêtés attaqués, statué sans dépens.

La Cour royale n'est compétente, pour statuer sur une réclamation, que lorsqu'elle a été soumise préalablement au jugement du préfet en conseil de préfecture (Riom, 24 août 1829).

Pièces nouvelles. Lorsqu'un électeur qui réclame son inscription produit devant la Cour des pièces justificatives qui n'avaient point été produites devant le préfet en conseil de préfecture, la Cour peut-elle, jugeant au fond, apprécier le mérite de ces pièces, réformer l'arrêté du préfet et ordonner l'inscription ?

Oui (Rouen et Grenoble, 22 décembre 1828, et 4 août 1829).

Une opinion contraire a été admise par les Cours d'Amiens, d'Agen et de Poitiers (19 et 23 décembre 1828, 14 janvier et 31 octobre 1829), et par un arrêt de la section des requêtes de la Cour de cassation du 22 février 1830.

Nous ne pensons pas que la jurisprudence soit assez fixée par ces derniers arrêts pour qu'on doive les préférer à ceux de Rouen et de Grenoble, que nous croyons avoir mieux jugé.

Dans le sens même de la Cour de cassation, on ne devait pas considérer comme pièces nouvelles celles qui avaient été produites devant le préfet et rejetées par lui à défaut de formalités dont elle seraient revêtues lors de leur production devant la Cour (Pau, 3 et 16 décembre 1828.—Favard de Langlade).

Diminut. Si la patente d'un électeur inscrit a été diminuée, et que l'électeur conteste cette diminution, c'est devant l'administration que le contribuable a le droit de se pourvoir contre la fixation de cette quotité.

Il est très-important de remarquer que, si peu de jours

doivent s'écouler entre la reddition de l'arrêt et l'ouverture du collège, l'électeur qui a obtenu justice de la Cour royale, peut lui demander que son arrêt soit exécuté *sur la minute.* (Rennes, 9 janvier 1829.)

Lorsqu'une partie a obtenu un arrêt favorable de la Cour royale, elle doit le faire signifier dans le plus court délai possible au préfet.

Exécution.

Si l'arrêt ordonne l'inscription d'un électeur sur la liste, cet électeur devra, en faisant signifier cet arrêt au préfet, le requérir de l'inscrire immédiatement.

Dans le cas où le préfet, ne faisant pas droit à la réquisition, n'inscrirait pas cet électeur sur la liste et ne lui ferait pas remettre la carte sans laquelle il ne pourrait avoir son entrée dans le collège électoral, l'électeur pourra faire signifier l'arrêt qu'il aura obtenu au président du collège et se faire réclamer par d'autres électeurs qui, s'ils ne peuvent obtenir l'admission, doivent demander l'insertion de cet incident au procès-verbal. L'action en dommages et intérêts, ou la dénonciation contre le préfet personnellement, peuvent aussi être employées.

Si un pourvoi en cassation est dirigé contre un arrêt en matière électorale, il est procédé comme devant la Cour royale, avec la même exemption de droits d'enregistrement, sans consignation d'amende (Loi du 2 juillet 1828, art. 18).

Pourvoi en cassation.

Enfin il faut observer que le recours et l'action intentée par suite d'une décision qui a rayé un individu de la liste ou qui lui a attribué une quotité de contribution moindre que celle pour laquelle il était précédemment inscrit, ont un effet suspensif (*id.* art. 19).

§ V. *De la formation d'un tableau de rectification en cas de dissolution ou de convocation partielle d'un collège électoral.*

Lorsque la réunion a lieu dans le mois qui suit la publication du dernier tableau de rectification, qui doit être affiché le 20 octobre de chaque année, il n'est fait à ce tableau aucune modification. Dans ce cas, l'intervalle entre la réception de l'ordonnance et la réunion du collège doit être de vingt jours au moins (Loi du 2 juill. 1828, art. 21).

Si la réunion a lieu à une époque plus éloignée, l'intervalle doit être de trente jours au moins.

Dans ce dernier cas, c'est-à-dire si la convocation a lieu

du 21 novembre d'une année au 10 octobre de l'année suivante, le préfet doit faire afficher immédiatement l'ordonnance de convocation; le registre des réclamations est ouvert au secrétariat-général de la préfecture, et les réclamations doivent y être admises, si elles sont faites dans le délai de huit jours, à peine de déchéance.

Le préfet, en Conseil de préfecture, est tenu de dresser le tableau de rectification prescrit par l'art. 6 de la loi du 2 mai 1827, et de le faire publier et afficher le onzième jour au plus tard, après la publication de l'ordonnance. Les notifications des décisions portant refus d'inscription ou prononçant des radiations doivent être notifiées dans le délai de cinq jours aux parties intéressées. Il en est de même pour les décisions rejetant les demandes en radiation ou rectification (*Id.* 22).

S'il y a recours devant la Cour royale, cette action n'a d'effet suspensif que dans le cas de radiation.

L'assignation est donnée à huitaine, pour tout délai, et la Cour doit prononcer après l'expiration de ce délai. Son arrêt n'est pas susceptible d'opposition (*Id.* art. 23).

« Les seuls changemens qui doivent être faits à la liste, dit M. Favard de Langlade, et compris au tableau de rectification, sont ceux qui résultent des faits postérieurs à la clôture de cette liste, lors de la révision annuelle, ou plutôt à la clôture des réclamations qui a lieu le 30 septembre. C'est ce qui résulte du principe de la permanence des listes, des règles sur la révision annuelle (Art. 1 et 6 de la loi du 2 juillet 1828), et du texte de l'art. 6 de la loi du 2 mai 1827), portant « que le tableau de rectification est formé à raison « des *droits acquis ou perdus depuis la clôture*, et que les récla- « mations de ceux qui auraient été omis dans la première partie « de la liste du jury, et qui auraient acquis leurs droits électo- « raux antérieurement à sa publication, ne seront admis qu'au- « tant qu'elles auront été formées avant le 1er octobre. » Ainsi, ON NE PEUT RAYER UN ÉLECTEUR QUI A ÉTÉ INDUEMENT INSCRIT A CETTE ÉPOQUE, ET CONTRE LES DROITS DUQUEL AUCUNE RÉCLAMATION N'A ÉTÉ FORMÉE AVANT LE 1er OCTOBRE; ON NE PEUT INSCRIRE UN ÉLECTEUR EN POSSESSION DES DROITS ÉLECTORAUX AVANT CETTE ÉPOQUE, ET DONT L'INSCRIPTION N'A PAS ÉTÉ RÉCLAMÉE ALORS. Mais il y a lieu de rayer ou d'inscrire l'individu dont les droits ont été acquis ou perdus depuis le 30 septembre. Il en est de même pour la rectification du cens électoral (1). »

(1) *Législation électorale*, p. 232.—Arrêt de la Cour de Cassation du 26

Le principe fondamental de la formation du tableau de rectification a été contesté et jugé diversement depuis 1828 : on a prétendu que la loi du 2 juillet 1828 avait abrogé la déchéance prononcée par l'art. 6 de la loi du 2 mai 1827.

Les Cours royales de Montpellier, Douai, Grenoble, Toulouse et Angers, ont embrassé cette opinion dans leurs arrêts des 5 et 6 mai, 4 août, 22 et 28 septembre 1829.

Les Cours royales de Riom, de Dijon et de Caen, au contraire, par leurs arrêts des 25 juin, 21 septembre 1829 et 19 février 1830, se sont prononcées sur cette question pour la négative. La même opinion est implicitement contenue dans les considérans d'un arrêt de la Cour royale d'Aix, de mars 1829.

Enfin elle a été consacrée par deux arrêts de la Cour de cassation des 25 septembre et 22 octobre 1829, qui ont infirmé les arrêts de Douai et de Montpellier.

C'est cette opinion qui nous paraît devoir être suivie.

Doit-on considérer comme frappés par la déchéance les individus qui, ayant réclamé avant le 1ᵉʳ octobre, n'auraient pu alors faire admettre leurs réclamations, parce qu'ils ne les avaient pas accompagnées de pièces justificatives ou de preuves suffisantes, dès qu'ils étaient en instance, avant le 1ᵉʳ octobre? Non (Favard de Langlade).

La déchéance est-elle applicable à l'individu qui, ne payant pas le cens électoral à l'époque du 30 septembre, reçoit ensuite une délégation de sa mère, aïeule ou belle-mère, qui lui permet d'atteindre le cens de 300 francs? Non (Caen, 19 janvier 1830).

L'article 22 de la loi du 2 juillet 1828 ne fait mention que de réclamations prévues par les art. 11 et 12, c'est-à-dire formés par les intéressés directs et par les tiers. On a demandé si le préfet peut, de lui-même, introduire d'office, pour les juger en Conseil de préfecture, des demandes fondées sur des droits acquis ou perdus depuis le 30 septembre, mais à l'égard desquels ne serait formée aucune réclamation de la part des intéressés ou des tiers. L'administration avait résolu cette question affirmativement par une solution du 31 août 1829.

septembre 1829, qui casse un arrêt de Douai.—Autre arrêt semblable de Dijon du 21 septembre 1829.

Mais la Cour royale d'Aix, par son arrêt du 5 mai 1830, a décidé que L'INITIATIVE DES RECTIFICA-TIONS APRÈS LE 15 AOUT, N'APPARTIENT PLUS AUX PRÉFETS. IL EN EST DE MEME EN CAS DE CONVOCATION DES COLLÈGES POSTÉRIEUREMENT AU 31 OCTOBRE. Ainsi, en cas de dissolution de la Chambre des députés, l'art. 22 de la loi du 2 juillet 1828, et l'arrêt de la Cour royale d'Aix sont là pour enlever aux préfets toute action directe avant que le temps soit arrivé de préparer les listes de l'année suivante (*Gazette des Tribunaux* du 12 mai 1830).

Cette décision est de la plus haute importance, et a pour effet, comme l'a dit M. de Montbel de la loi du 2 juillet, DE RENDRE IMPOSSIBLE, NON-SEULEMENT LA FRAUDE, MAIS JUSQU'AU SOUPÇON DE FRAUDE.

Doit-on considérer comme électeurs, sur le tableau de rectification, les individus à l'égard desquels les conditions de temps, dont dépend la capacité électorale, s'acco mplis sent après la clôture du tableau de rectification, mais avant l'ouverture du collège? (Rés. aff., Montpellier, 5 mai 1829; nég. Aix, mars 1829.)

§ V.

De la formation du collège départemental
(grand collège).

Les collèges de départemens sont composés des électeurs les plus imposés, en nombre égal au quart de la totalité des électeurs du département.

Ces collèges nomment cent soixante-douze députés (loi du 29 juin 1820, art 2).

Dans les départemens où le nombre des électeurs n'excède pas trois cents, et dans ceux qui, divisés en cinq arrondissemens de sous-préfecture, n'en ont pas au-delà de quatre cents, les électeurs se réunissent en un seul collège (1).

La liste des électeurs du collège de département est publiée le 20 octobre avec le dernier tableau de rectification et l'arrêté de la liste générale du jury.

Le quart de tous les électeurs d'arrondissemens, devant former le collège départemental, doit-il être établi avec ou sans égard aux fractions?

Si le nombre des électeurs d'arrondissemens n'excède que d'une unité un multiple de 4, on ne tient pas compte de la fraction; s'il excède de deux ou trois unités un multiple de 4, on prend le quart du multiple de 4 immédiatement supérieur (sol. du 29 août 1820).

Si deux électeurs, payant la même contribution, sont en concurrence pour être inscrits sur la liste du collège départemental, la préférence est donnée au plus âgé (*id.*).

CHAPITRE III.

DES OPÉRATIONS ÉLECTORALES.

§ Ier. *De la réunion des collèges électoraux.*

Les collèges électoraux se réunissent dans telles villes du département que le roi désigne, *et qui sont en général indiquées aux tableaux joints à l'ordonnance de convocation* (L. 5 février 1817, art. 8, ordon. 11 octobre 1820).

Les électeurs se réunissent en une seule assemblée dans les départemens (ou arrondissemens électoraux) où leur nombre n'excède pas 600 (L. 5 février 1817, art. 9). Le collège électoral est divisé en sections dont chacune ne peut être moindre de trois cents électeurs (*ibid*). Cette division est faite par le préfet en conseil de préfecture, *en suivant l'ordre des numéros de la liste définitive* (Ordon. 4 septembre 1820, art. 6).

(1) Huit départemens se trouvaient dans ce cas en 1827; ce sont les suivans : Basses-Alpes, Hautes-Alpes, Corse, Lozère, Basses-Pyrénées, Hautes-Pyrénées, Pyrénées-Orientales et Vosges.

(28)

Dans les collèges électoraux qui se divisent en sections, le président est attaché à la première section du collège. A chacune des autres sections est attaché un vice-président nommé par le roi (L. 5 février 1817, art. 10). Les ordonnances de nomination des présidens et vice-présidens sont publiées par la voie ordinaire du Bulletin des lois. En cas d'empêchement (soit avant l'ouverture, soit pendant les opérations) d'un président ou vice-président, le préfet nomme un des électeurs pour le remplacer (Ordonn. du 11 octobre 1820, art. 4).

Chaque section concourt directement à la nomination de tous les députés que le collège électoral doit élire (L. 5 février 1817, art. 9).

A la réception de l'ordonnance de convocation, les préfets la font publier et afficher immédiatement dans l'étendue de leur département, avec les arrêtés par lesquels ils ont désigné les édifices où doivent siéger les collèges ou sections de collèges (Ordon. 11 octobre 1820, art. 2 ; L. 2 juillet 1828, art. 22).

Ils font remettre à chaque président et vice-président, avec la lettre close par laquelle le roi annonce à chacun d'eux sa nomination et la convocation du collège, 1° une expédition de l'ordonnance de convocation ; 2° un extrait de l'arrêté désignant l'édifice dans lequel le collège ou la section doit se réunir ; 3° la liste des électeurs définitivement arrêtée, conformément aux dispositions ci-dessus ; 4° la liste individuelle des éligibles du département (Ordon. 11 octobre 1820, art. 3 ; 4 septembre id., art. 5).

Des cartes individuelles sont, à la diligence des préfets et des maires, adressées, avant l'ouverture, *au domicile* de chaque électeur ; elles portent le jour et le lieu de la réunion (Ordon. 4 septembre 1820, art. 7). (1)

---

(1) Dans quelques localités, à Paris, par exemple, l'autorité avertit les électeurs d'aller retirer leurs cartes à la mairie de leur arrondissement respectif. Elle envoie ensuite à domicile les cartes non retirées. Ce mode, qui peut être avantageux dans les villes, aurait de l'inconvénient dans les campagnes, où les demeures des électeurs sont disséminées et souvent éloignées du chef-lieu. Là les cartes DOIVENT être adressées à domicile. L'électeur qui n'aurait pas reçu la sienne n'en doit pas moins se rendre au lieu de la réunion du collège, et se faire annoncer au président. Les réglemens n'interdisent l'entrée des collèges qu'aux individus qui ne sont point portés sur les listes, ou qui ne seraient pas porteurs d'un arrêt de Cour royale ordonnant leur inscription. Il est important que quelques électeurs munis de leurs cartes se transportent de temps en temps au dehors pour voir si l'entrée de la salle ne serait pas refusée arbitrairement à quelques ayant-droit.

Une expédition de la liste électorale est affichée *dès l'ouverture*, dans le lieu de chaque réunion. Elle y reste affichée (ainsi que celle des éligibles du département) pendant tout le cours des opérations (Ordon. 4 septembre 1820, art. 5; 11 octobre id., art. 3).

Nul ne peut être admis dans le collège ou section de collège s'il n'est inscrit sur la liste définitive remise au président ou vice-président (Ordon. 11 octobre 1820, art. 5.), *si ce n'est pourtant en vertu d'un arrêt de la Cour royale* (Arg. tiré de ce que nous avons dit ci-dessus).

Quid? à l'égard d'un électeur inscrit sur les listes affichées mais non porté sur celle remise au président du collège, et qui n'aurait pas reçu sa carte?

Dans ce cas, l'électeur devra se présenter accompagné du plus grand nombre possible de ses co-électeurs, et réclamer le droit de voter en vertu de la liste affichée. Si ce droit lui était refusé, on devrait, après avoir insisté, provoquer des protestations sur le procès-verbal.

§ II. *De la tenue des collèges.*

La police du collège ou de la section appartient au président ou vice-président. Nulle force armée ne peut, sauf leur (1) demande, être placée auprès du lieu des séances. Les commandans militaires sont tenus d'obtempérer à leurs réquisitions (Ordon. 10 octobre 1820, et loi du 5 février 1817, art. 11).

La session des collèges est de dix jours au plus. Ils ne peuvent s'occuper d'autres objets que de l'élection des députés. Toute *discussion*, toute *délibération* leur sont interdites (2) (L. 5 février 1817, art. 12 et 8).

S'il s'élève des discussions dans le sein d'un collège ou d'une section, le président ou vice-président rappelle aux électeurs les termes de la loi. Si, malgré cette observation, la discussion continue, et si le président n'a pas d'autre moyen de la faire cesser, il prononce la levée de la séance et l'ajournement au lendemain au plus tard. Les électeurs sont obligés de se séparer à l'instant (Ordon. 11 octobre 1820, art. 10).

Chaque séance s'ouvre à huit heures du matin ; il ne peut y

[marge : Président.]
[marge : Durée.]
[marge : Discussion.]
[marge : Heures.]

(1) Cela n'exclut pas, comme on va le voir, les réclamations.
(2) Mais non pas le simple rappel à la loi (*V.* ci-après).

en avoir qu'une par jour, qui est close après le dépouillement
du scrutin (*Ibid.*). Chaque scrutin est, après être resté ouvert
au moins pendant six heures, clos à trois heures du soir, dépouillé séance tenaute (*Ibid.*, art. 11 ; ordon. 11 oct. 1820,
art. 13). (1)

Bureau pro-
isoire.

Le jour fixé pour l'ouverture, la séance commence à huit
heures précises du matin. Elle est ouverte par le président ou
vice-président, lequel désigne parmi les électeurs *présens* les
membres du bureau provisoire. Ce bureau doit être composé
de quatre scrutateurs et d'un secrétaire. Il est ensuite procédé
à la nomination d'un bureau définitif (L. 5 février 1817,
art. 9 ; ordon. 11 oct. 1820, art. 6).

Bureau dé-
nitif.

Le bureau définitif de chaque collège ou section de collège
se compose du président ou vice-président nommé par le roi
(ou de l'électeur désigné par le préfet pour le remplacer) et
de quatre scrutateurs et d'un secrétaire nommés comme il va
être dit. Le président est attaché à la première section du
collège (L. 5 février 1817, art. 10 ; ordon. 11 octobre 1820,
art. 4).

Le bureau juge provisoirement toutes les difficultés qui
s'élèvent sur les opérations du collège ou de la section de
collège, sauf la décision de la chambre des députés (L. 5 février 1817, art. 11.) Il ne doit pas s'occuper des *réclamations*
qui auraient pour objet le *droit* de voter (2). Il délibère
à part, le président prononce la décision à haute voix (Ordon. 11 octobre 1820, art. 9).

Il doit y avoir toujours présens dans chaque bureau trois au
moins des membres qui en font partie (*Ibid.*, art. 9 ; L. 1817,
art. 11).

Les quatre scrutateurs et le secrétaire sont nommés par le
collège ou la section de collège par deux scrutins (3) simultanés,

---

(1) Une circulaire du 1er novembre 1820 conseille de faire marcher de
front l'appel de deux parties de la liste.

(2) Sauf apparemment le cas d'un arrêt de Cour Royale, postérieur
au dernier tableau de rectification.

(3) Les électeurs sentiront l'importance de cette opération. L'art. 111 du
Code pénal prévoit le cas où un *citoyen*, chargé dans un scrutin du dépouillement des billets contenant les suffrages des citoyens, serait SURPRIS
falsifiant ces billets, ou en soustrayant de la masse, ou y en ajoutant, ou
inscrivant sur les billets des votans non lettrés des noms autres que ceux
qui lui auraient été déclarés. Ce n'est donc pas se placer en dehors des
hypothèses permises que de supposer que de tels *citoyens* puissent se
rencontrer parmi les membres d'un bureau provisoire. Or, un bureau
provisoire ainsi composé *ferait* le bureau définitif, lequel ferait de même

mais distincts ; l'un de liste simple (1) pour les quatre scrutateurs ; l'autre de liste *individuelle* pour le secrétaire. L'une et l'autre nomination peuvent avoir lieu à la simple majorité des voix des électeurs présens.

Dans tous les cas où il y a concours par égalité de suffrage, l'âge décide de la préférence (Loi 5 février 1817, art. 10, 16 ; ord. 11 oct. 1820, art. 6). *Scrutin.*

Il n'y a que trois tours de scrutin. Après les deux premiers tours, s'il reste encore des nominations à faire, le bureau dresse et arrête une liste des personnes qui, au deuxième tour, ont obtenu le plus de suffrage. Elle contient deux fois autant de noms qu'il reste de membres à élire. Les suffrages au troisième tour ne peuvent être donnés qu'à ceux dont les noms sont portés sur la liste (Ord. 11 oct. 1820, art. 12, 16 ; l. 5 févr. 1817, art. 13 et 15).

§ III. *Mode de voter. — Dépouillement du scrutin.*

Il est pour chaque tour de scrutin procédé à l'appel des électeurs, lesquels, à mesure que leur nom est appelé, se présentent pour voter.

Chacun des électeurs, en votant pour la première fois, doit prononcer le serment dont la teneur suit : *Serment.*

« Je jure fidélité au Roi, obéissance à la Charte constitu« tionnelle et aux Lois du royaume. »

(Ord. 11 oct. 1820, art 11).

Chaque électeur écrit *secrètement* son vote sur le bureau, *Vote.*

des députés qui à leur tour, composant la majorité dans la chambre, ratifieraient tout ce qui aurait été fait aussi criminellement. On voit comment une première falsification domine et peut altérer tous les résultats subséquens ; on ne doit donc pas négliger comme peu importante cette opération préparatoire, de la loyauté de laquelle dépend au contraire la loyauté des élections avec toutes les conséquences qui en dérivent. Les électeurs individuellement doivent donc veiller à la fidélité du premier dépouillement de scrutin, afin de *surprendre* les falsifications s'il venait à s'en commettre. Il existe à cet égard un moyen de contrôle fort efficace. C'est que chaque électeur inscrive dans un ordre quelconque les noms à placer sur son bulletin, son propre nom. On perd ainsi à la vérité un scrutateur, mais on est à même de redresser promptement toute erreur de lecture qui viendrait à se manifester lors du dépouillement du scrutin.

(1) C'est-à-dire, contenant autant de noms qu'il y a d'individus à nommer.

où l'y fait écrire par un autre électeur *de son choix*, sur un bulletin qu'il reçoit à cet effet du président.

Il remet son bulletin écrit et *fermé* au président qui le dépose dans l'urne destinée à cet usage (1).

Le nom, la qualification, le domicile de chaque électeur qui dépose son bulletin est inscrit par le secrétaire ou par l'un des scrutateurs (provisoires), sur une liste destinée à constater le nombre des votans. Celui des membres du bureau qui a inscrit le nom, la qualification, le domicile de l'électeur, inscrit en marge son propre nom. (L. 5 fév. 1817, article 13; ord. 11 oct. 1820, art. 11 et 12 ; loi 29 juin 1820, art. 6).

Les bulletins des électeurs qui, n'ayant pas répondu à l'appel, se présentent ensuite pour voter, continuent d'être reçus jusqu'à l'heure fixée pour la clôture (Ord. 11 oct. 1820, art. 13 et 11).

Clôture.

A trois heures le président ou vice-président déclare que le scrutin est clos : il compte le nombre des bulletins et il en ordonne le dépouillement. Le procès-verbal (qui doit être dressé plus tard), constate le nombre des bulletins trouvés dans l'urne, et celui des électeurs qui ont voté. Si le nombre des bulletins est inférieur ou supérieur à celui des votans, le bureau décide provisoirement (et sauf la décision de la Chambre des députés, selon les cas et les circonstances), de la validité de l'opération. Il doit être fait mention de sa décision au procès-verbal (Ord. 11 oct. 1820. art. 14).

Le bureau raye de tout bulletin :

1° Les derniers noms inscrits au-delà de ceux qu'il doit contenir ;

2° Les noms qui ne désigneraient pas *clairement* l'individu auquel ils s'appliquent ;

3° Au troisième tour de scrutin, les noms des individus qui ne feraient point partie de la liste double des personnes qui ont obtenu le plus de suffrages au deuxième tour.

L'état de dépouillement du scrutin de chaque section est signé et arrêté par le bureau. Le résultat de chaque tour de scrutin est sur-le-champ rendu public (Ord. 11 oct. 1820, art. 17, 18; l. 5 fév. 1817, art. 13).

(1) Les électeurs ne sauraient trop faire observer l'obligation qui leur est imposée par la loi de voter secrètement, c'est-à-dire sans que le président, ni les membres du bureau, ni qui que ce soit, puissent apercevoir les noms qu'ils écrivent sur leurs bulletins.

§ IV. *Ouverture du procès-verbal.*

Aussitôt que le président ou vice-président a proclamé le bureau définitif, le secrétaire ouvre le procès-verbal, *lequel doit contenir les opérations qui ont eu lieu jusqu'à ce moment*, être tenu en double minute, rédigé à la fin de chaque séance, et signé au plus tard à l'ouverture de la séance suivante pour tous les membres du bureau qui y ont assisté (Ord. 11 octobre 1820, art. 7).

Les électeurs votent (pour la nomination des députés) par bulletins de liste simple, c'est-à-dire contenant à chaque tour de scrutin autant de noms qu'il y a de nominations à faire (L. 5 fév. 1817, art. 13 ; ord. 11 oct. 1820, art. 12).

Chacun d'eux, s'il vote pour la première fois, c'est-à-dire s'il n'a pas déjà voté pour la nomination du bureau définitif, doit prononcer le serment comme il est dit ci-dessus (ord. art. 11). Il est procédé pour l'appel des électeurs, le mode et le secret du vote, et le dépôt des bulletins dans l'urne, de la manière indiquée plus haut.

Nul n'est élu (député) à l'un des deux premiers tours de scrutin, s'il ne réunit au moins *le tiers plus une des voix de la totalité* des membres qui composent *le collège, plus la moitié plus un des suffrages exprimés* (L. 5 fév. 1817, art. 14, et 29 juin 1820, art. 7 ; ord. 11 oct. 1820, art. 15).

Après les deux premiers tours de scrutin, s'il reste des nominations à faire, le bureau du collège dresse et arrête une liste des personnes qui, au second tour, ont obtenu le plus de suffrages. Elle contient autant de noms qu'il y a encore de députés à élire. Les suffrages au troisième tour de scrutin ne peuvent être donnés qu'à ceux dont les noms sont portés sur cette liste. Les nominations ont lieu à la pluralité des votes exprimés (L. 5 février 1817, art. 15, ou 11 octobre 1820, art 16).

Dans tous les cas où il y a concours par égalité de suffrages, l'âge décide de la préférence (l. 1817, art. 16).

Le bureau raie de tout bulletin, comme il est dit plus haut : 1° les derniers noms inscrits au-delà de ceux qu'il doit contenir, etc. L'état de dépouillement du scrutin de chaque section est signé et arrêté par le bureau. Il est immédiatement porté par le vice-président au bureau de la première section du collège, *lequel* fait *en présence* des vice-présidens de toutes les sections le recensement général des votes. Le résultat de cha-

Dépouille-
ment.

3

que tour de scrutin est immédiatement rendu public. Si une ou plusieurs sections n'avaient pas terminé leurs opérations, ou n'en avaient fait que d'irrégulières, le recensement des votes des autres sections n'en a pas moins lieu, et les candidats qui auraient obtenu le nombre de voix nécessaire sont proclamés.

Opérations.

Le président prononce la séparation du collège aussitôt que les opérations sont terminées, et au plus tard le dixième jour après l'ouverture. Immédiatement après la clôture, le président adresse au préfet du département les deux minutes du procès-verbal de chaque collège ou section de collège, et le procès-verbal des recensemens généraux pour les collèges qui sont divisés en sections. L'une des deux minutes reste déposée aux archives de la préfecture ; l'autre est envoyée par le préfet au ministre de l'intérieur, qui la transmet aux questeurs de la chambre des Députés (ord. 11 octobre 1820, art. 18 à 21).

Les députés élus sont tenus de produire à la chambre leur acte de naissance et un relevé de leurs contributions constatant qu'ils paient au moins 1,000 fr. d'impôt (ord. 13 juillet 1815, art. 13), sauf toutefois le cas d'exception prévu par la Charte constitutionnelle (art. 39).

APPENDICE.

LÉGISLATION ÉLECTORALE.

CHARTE CONSTITUTIONNELLE.

35. La Chambre des députés sera composée des députés élus par les collèges électoraux, dont l'organisation sera déterminée par des lois.

36. Chaque département aura le même nombre de députés qu'il a eu jusqu'à présent (1).

37. Les députés seront élus pour cinq ans, et de manière que la Chambre soit renouvelée, chaque année, par cinquième (2).

38. Aucun député ne peut être admis dans la Chambre s'il n'est âgé de quarante ans, et s'il ne paie une contribution directe de mille francs.

39. Si néanmoins il ne se trouvait pas dans le département cinquante personnes de l'âge indiqué, payant au moins mille francs de contributions directes, leur nombre sera complété par les plus imposés au-dessous de mille francs, et ceux-ci pourront être élus concurremment avec les premiers.

40. Les électeurs qui concourent à la nomination des députés, ne peuvent avoir droit de suffrage, s'ils ne paient une contribution directe de trois cents francs, et s'ils ont moins de trente ans.

41. Les présidens des collèges électoraux seront nommés par le Roi, et de droit membres du collège.

42. La moitié au moins des députés sera choisie parmi des éligibles qui ont leur domicile politique dans le département.

LOI SUR LES ÉLECTIONS, DU 5 FÉVRIER 1817.

ART. 1er. Tout Français jouissant des droits civils et politiques, âgé de trente ans accomplis, et payant trois cents francs de contributions directes, est appelé à concourir à l'élection des députés du département où il a son domicile politique.

2. Pour former la masse des contributions nécessaires à la qualité d'électeur ou d'éligible, on comptera à chaque Français les contributions directes qu'il paie dans tout le royaume;

Au mari, celles de sa femme, même non commune en biens; et au père, celles des biens de ses enfans mineurs dont il aura la jouissance.

3. Le domicile politique de tout Français est dans le département où il

---

(1) Le nombre des députés a été augmenté par la loi du 29 juin 1820.
(2) Cette disposition a été modifiée par la loi du 9 juin 1824.

a son domicile réel. Néanmoins, il pourra le transférer dans tout autre département où il paiera des contributions directes, à la charge par lui d'en faire, six mois d'avance, une déclaration expresse devant le préfet du département où il aura son domicile politique actuel, et devant le préfet du département où il voudra le transférer.

La translation du domicile réel ou politique ne donnera l'exercice du droit politique, relativement à l'élection des députés, qu'à celui qui, dans les quatre ans antérieurs, ne l'aura point exercé dans un autre département.

Cette exception n'a pas lieu dans le cas de dissolution de la Chambre.

4. Nul ne peut exercer les droits d'électeur dans deux départemens.

5. Le préfet dressera, dans chaque département, la liste des électeurs, qui sera imprimée et affichée.

Il statuera provisoirement, en conseil de préfecture, sur les réclamations qui s'élèveraient contre la teneur de cette liste, sans préjudice du recours de droit, lequel ne pourra néanmoins suspendre les élections.

6. Les difficultés relatives à la jouissance des droits civils ou politiques du réclamant, seront définitivement jugées par les Cours royales : celles qui concerneraient ses contributions ou son domicile politique le seront par le Conseil d'Etat (1).

7. Il n'y a, dans chaque département, qu'un seul collège électoral : il est composé de tous les électeurs du département dont il nomme directement les députés à la Chambre (2).

8. Les collèges électoraux sont convoqués par le Roi ; ils se réunissent au chef-lieu du département, ou dans telle autre ville du département que le roi désigne. Ils ne peuvent s'occuper d'autres objets que de l'élection des députés ; toute discussion, toute délibération, leur sont interdites.

9. Les électeurs se réunissent en une seule assemblée dans les départemens où leur nombre n'excède pas six cents.

Dans ceux où il y en a plus de six cents, le collège électoral est divisé en sections, dont chacune ne peut être moindre de trois cents électeurs.

Chaque section concourt directement à la nomination de tous les députés que le collège électoral doit élire.

10. Le bureau de chaque collège électoral se compose d'un président nommé par le Roi, de quatre scrutateurs et d'un secrétaire.

Les quatre scrutateurs et le secrétaire sont nommés par le collège, à un seul tour de scrutin de liste pour les scrutateurs, et individuel pour le secrétaire, à la pluralité des voix.

Dans les collèges électoraux qui se divisent en sections, le bureau, ainsi formé, est attaché à la première section du collège.

Le bureau de chacune des autres sections se compose d'un vice-président nommé par le Roi, de quatre scrutateurs et d'un secrétaire choisis de la manière ci-dessus prescrite.

A l'ouverture du collège et sections de collège, le président et les vice-présidens nomment le bureau provisoire, composé de quatre scrutateurs et d'un secrétaire.

11. Le président et les vice-présidens ont seuls la police du collège électoral, ou des sections de collège qu'ils président.

Il y aura toujours présens, dans chaque bureau, trois au moins des membres qui en font partie.

(1) Ces dispositions ont été modifiées par la loi du 2 juillet 1828.
(2) Cet article a été abrogé à l'égard du plus grand nombre des départemens, par la loi du 29 juin 1820.

Le bureau juge provisoirement toutes les difficultés qui s'élèvent sur les opérations du collège ou de la section, sauf la décision définitive de la Chambre des députés.

12. La session des collèges est de dix jours au plus. Chaque séance s'ouvre à huit heures du matin : il ne peut y en avoir qu'une par jour, qui est close après le dépouillement du scrutin.

13. Les électeurs votent par bulletins de liste, contenant, à chaque tour de scrutin, autant de noms qu'il y a de nominations à faire.

Le nom, la qualification, le domicile de chaque électeur qui déposera son bulletin, seront inscrits par le secrétaire ou l'un des scrutateurs présens, sur une liste destinée à constater le nombre des votans.

Celui des membres du bureau qui aura inscrit le nom, la qualification, le domicile de l'électeur, inscrira en marge son propre nom.

Il n'y a que trois tours de scrutin.

Chaque scrutin est, après être resté ouvert au moins pendant six heures, clos à trois heures du soir, et dépouillé séance tenante.

L'état de dépouillement du scrutin de chaque section est arrêté et signé par le bureau. Il est immédiatement porté par le vice-président au bureau du collège, qui fait, en présence des vice-présidens de toutes les sections, le recensement général des votes.

Le résultat de chaque tour de scrutin est sur-le-champ rendu public.

14. Nul n'est élu à l'un des deux premiers tours de scrutin s'il ne réunit au moins le quart plus une des voix de la totalité des membres qui composent le collège, et la moitié plus un des suffrages exprimés (1).

15. Après les deux premiers tours de scrutin, s'il reste des nominations à faire, le bureau du collège dresse et arrête une liste des personnes qui, au second tour, ont obtenu le plus de suffrages.

Elle contient deux fois autant de noms qu'il y a encore de députés à élire.

Les suffrages, au troisième tour de scrutin, ne peuvent être donnés qu'à ceux dont les noms sont portés sur cette liste.

Les nominations ont lieu à la pluralité des votes exprimés.

16. Dans tous les cas où il y aura concours par égalité de suffrages, l'âge décidera de la préférence.

17. Les préfets et les officiers-généraux commandant les divisions militaires et les départemens ne peuvent être élus députés dans les départemens où ils exercent leurs fonctions.

18. Lorsque, pendant la durée ou dans l'intervalle des sessions des Chambres, la députation d'un département devient incomplète, elle est complétée par le collège électoral du département auquel elle appartient.

19. Les députés à la Chambre ne reçoivent ni traitement ni indemnités.

20. Les lois, décrets et réglemens sur le mode des élections antérieurs à la présente loi, sont abrogés.

21. Toutes les formalités relatives à l'exécution de la présente loi, seront réglées par des ordonnances du Roi.

LOI DU 25 MARS 1818, CONCERNANT LES CONDITIONS D'ÉLIGIBILITÉ POUR ÊTRE ADMIS A LA CHAMBRE DES DÉPUTÉS.

ART. 1er. Nul ne pourra être membre de la Chambre des députés si, au jour de son élection, il n'est âgé de quarante ans accomplis, et ne paie

____

(1) La disposition qui exigeait le quart plus une des voix de la totalité du collège, a été modifiée par l'art. 7 de la loi du 29 juin 1820.

mille francs de contributions directes, sauf le cas prévu par l'article 39 de la Charte.

2. Le député élu par plusieurs départemens sera tenu de déclarer son option à la Chambre, dans le mois de l'ouverture de la première session qui suivra la double élection ; et, à défaut d'option dans ce délai, il sera décidé par la voie du sort à quel département ce député appartiendra.

LOI SUR LES ÉLECTIONS , DU 29 JUIN 1820.

ART. 1er Il y a dans chaque département un collège électoral de département et des collèges électoraux d'arrondissement.

Néanmoins, tous les électeurs se réuniront en un seul collège dans les départemens qui n'avaient, à l'époque du 5 février 1817, qu'un député à nommer ; dans ceux où le nombre des électeurs n'excède pas trois cents, et dans ceux qui, divisés en cinq arrondissemens de sous-préfecture, n'auront pas au-delà de quatre cents électeurs.

2. Les collèges de département sont composés des électeurs les plus imposés, en nombre égal au quart de la totalité des électeurs du département.

Les collèges de département nomment cent soixante-douze nouveaux députés, conformément au tableau annexé à la présente loi. Ils procéderont à cette nomination pour la session de 1820.

La nomination des deux cent cinquante-huit députés actuels, est attribuée aux collèges d'arrondissemens électoraux à former dans chaque département, en vertu de l'art. 1er, sauf les exceptions portées au paragraphe II du même article.

Ces collèges nomment chacun un député. Ils sont composés de tous les électeurs ayant leur domicile politique dans l'une des communes comprises dans la circonscription de chaque arrondissement électoral. Cette circonscription sera provisoirement déterminée, pour chaque département, sur l'avis du conseil général, par des ordonnances du roi, qui seront soumises à l'approbation législative dans la prochaine session.

Le cinquième des députés actuels, qui doit être renouvelé, sera nommé par les collèges d'arrondissement.

Pour les sessions suivantes, les départemens qui auront à renouveler leur députation, la nommeront en entier d'après les bases établies par le présent article.

3. La liste des électeurs de chaque collège sera imprimée et affichée un mois avant l'ouverture des collèges électoraux (1). Cette liste contiendra la quotité et l'espèce des contributions de chaque électeur, avec l'indication des départemens où elles sont payées.

4. Les contributions directes ne seront comptées, pour être électeur ou éligible, que lorsque la propriété foncière aura été possédée, la location faite, la patente prise, et l'industrie sujette à patente exercée une année avant l'époque de la convocation du collège électoral. Ceux qui ont des droits acquis avant la publication de la présente loi, et le possesseur à titre successif, sont seuls exceptés de cette condition.

5. Les contributions foncières, payées par une veuve, sont comptées à celui de ses fils ; à défaut de fils, à celui de ses petits-fils ; et, à défaut de fils et de petit-fils, à celui de ses gendres qu'elle désigne.

6. Pour procéder à l'élection des députés, chaque électeur écrit secrètement son vote sur le bureau, ou l'y fait écrire par un autre électeur de

(1) Cette disposition a été modifiée par l'art. 6 de la loi du 2 mai 1827, et par les art. 21 et 22 de la loi du 2 juillet 1828.

son choix, sur un bulletin qu'il reçoit à cet effet du président; il remet
son bulletin, écrit et fermé, au président, qui le dépose dans l'urne destinée à cet usage.

7. Nul ne peut être élu député aux deux premiers tours de scrutin, s'il
ne réunit au moins le tiers plus une des voix de la totalité des membres
qui composent le collège, et la moitié plus un des suffrages exprimés.

8. Les sous-préfets ne peuvent être élus députés par les collèges d'arrondissemens électoraux, qui comprennent la totalité ou une partie des
électeurs de l'arrondissement de leur sous-préfecture.

9. Les députés décédés ou démissionnaires seront remplacés chacun
par le collège qui l'aura nommé.

En cas de décès ou démission d'aucun des membres actuels de la
Chambre, avant que le département auquel il appartient soit en tour de
renouveler sa députation, il sera remplacé par un des collèges d'arrondissement de ce département.

La Chambre déterminera, par la voie du sort, l'ordre dans lequel les
collèges électoraux d'arrondissement procéderont aux remplacemens
éventuels, jusqu'au premier renouvellement intégral de chaque députation.

10. En cas de vacance par option, décès, démission ou autrement, les
collèges électoraux seront convoqués dans le délai de deux mois, pour
procéder à une nouvelle élection.

11. Les dispositions des lois des 5 février 1817 et 25 mars 1818, auxquelles il n'est pas dérogé par la présente, continueront d'être exécutées,
et seront communes aux collèges électoraux de département et d'arrondissement.

LOI SUR LA SEPTENNALITÉ, DU 9 JUIN 1824.

La chambre actuelle des députés, et toutes celles qui la suivront, seront
renouvelées intégralement. Elles auront une durée de sept années, à
compter du jour où aura été rendue l'ordonnance de leur première convocation, à moins qu'elles ne soient dissoutes par le roi.

EXTRAIT DE LA LOI DU 2 MAI 1827 SUR L'ORGANISATION DU JURY.

ART. 1er. Les jurés seront pris parmi les membres des collèges électoraux
et parmi les personnes désignées dans les paragraphes 3 et suivans de
l'article 2 ci-après.

2. Le 1er août de chaque année, le préfet de chaque département dressera une liste qui sera divisée en deux parties.

La première partie sera rédigée conformément à l'art. 3 de la loi du
29 juin 1820, et comprendra toutes les personnes qui rempliront les
conditions requises pour faire partie des collèges électoraux du département.

La seconde partie comprendra :

1° Les électeurs qui, ayant leur domicile réel dans le département,
exerceraient leurs droits électoraux dans un autre département;

2° Les fonctionnaires publics nommés par le roi et exerçant des
fonctions gratuites;

3° Les officiers des armées de terre et de mer en retraite;

4° Les docteurs et licenciés de l'une ou de plusieurs des facultés
de droit, des sciences et des lettres; les docteurs en médecine; les mem-

bres et correspondans de l'Institut; les membres des autres sociétés sa-
vantes reconnues par le roi ;

5° Les notaires, après trois ans d'exercice de leurs fonctions.

Les officiers des armées de terre et de mer en retraite ne seront portés
dans la liste générale qu'après qu'il aura été justifié qu'ils jouissent d'une
pension de retraite de douze cents francs au moins, et qu'ils ont, depuis
cinq ans, un domicile réel dans le département.

Les licenciés de l'une des facultés de droit, des sciences et des lettres,
qui ne seraient pas inscrits sur le tableau des avocats et des avoués près les
Cours et tribunaux, ou qui ne seraient pas chargés de l'enseignement de
quelqu'une des matières appartenant à la faculté où ils auront pris leur
licence, ne seront portés sur la liste générale qu'après qu'il aura été justifié qu'ils ont, depuis dix ans, un domicile réel dans le département.

Dans les départemens où les deux parties de la liste ne comprendraient
pas huit cents individus, ce nombre sera complété par une liste supplémentaire, formée des individus les plus imposés parmi ceux qui n'auront
pas été inscrits sur la première.

3. Les listes dressées en exécution de l'article précédent seront affichées
au chef-lieu de chaque commune au plus tard le 15 août, et seront arrêtées et closes le 30 septembre.

Un exemplaire en sera déposé et conservé au secrétariat des mairies,
des sous-préfectures et des préfectures, pour être donné en communication
à toutes les personnes qui le requerront.

4. Il sera statué, suivant le mode établi par les art. 5 et 6 de la loi du
5 février 1817, sur les réclamations qui seraient formées contre la rédaction des listes.

Ces réclamations seront inscrites au secrétariat général de la préfecture,
selon l'ordre et la date de leur réception.

Elles seront formées par simple mémoire, et sans frais.

5. Nul ne pourra cesser de faire partie des listes prescrites par l'art. 2
qu'en vertu d'une décision motivée ou d'un jugement, contre lesquels
le recours ou l'appel auront un effet suspensif.

6. Lorsque les collèges électoraux seront convoqués, la première partie de la dernière liste qui aura été arrêtée le 30 septembre précédent, en
exécution de l'art. 3, tiendra lieu de la liste prescrite par l'art. 5 de la loi
du 5 février 1817, et par l'art. 3 de la loi du 29 juin 1820.

Les préfets feront imprimer et afficher, dans ce cas, un tableau de rectification contenant l'indication des individus qui auront acquis ou perdu,
depuis la publication de la liste générale, les qualités exigées pour exercer
les droits électoraux. S'il s'est écoulé plus de deux mois depuis la clôture
de la liste, les préfets en feront publier et afficher de nouveau la première
partie avec le tableau de rectification.

Les réclamations de ceux qui auraient été omis dans la première partie
de la liste arrêtée et close le 30 septembre, et qui auraient acquis les
droits électoraux antérieurement à sa publication, ne seront admises
qu'autant qu'elles auront été formées avant le 1er octobre.

LOI DU 2 JUILLET 1828 SUR LA RÉVISION ANNUELLE DES LISTES ÉLECTORALES ET DU JURY.

TITRE Ier. Révision annuelle des listes électorales et du jury.

ART. Ier. Les listes faites en vertu de la loi du 2 mai 1827 sont perma-
nentes, sauf les radiations et inscriptions qui peuvent avoir lieu lors de
la révision prescrite par la présente loi.

Cette révision sera faite conformément aux dispositions suivantes.

2. Du 1ᵉʳ au 10 juin de chaque année, et aux jours qui seront indiqués par les sous-préfets, les maires des communes composant chaque canton se réuniront à la mairie du chef-lieu, sous la présidence du maire, et procéderont à la révision de la portion de la liste formée en vertu de la loi du 2 mai 1827, qui comprendra les citoyens de leur canton appelés à faire partie de cette liste.

Ils se feront assister des percepteurs de l'arrondissement cantonnal.

3. Dans les villes qui forment à elles seules un canton, ou qui sont partagées en plusieurs cantons, la révision des listes sera effectuée par le maire, les adjoints et les trois plus anciens membres du conseil municipal, selon l'ordre du tableau. Les maires des communes qui dépendraient de l'un de ces cantons seront aussi appelés à la révision; ils se réuniront tous sous la présidence du maire de la ville.

A Paris, les maires des douze arrondissemens, assistés des percepteurs, procéderont à la révision, sous la présidence du doyen de réception.

4. Le résultat de cette opération sera transmis au sous-préfet, qui, avant le 1ᵉʳ juillet, l'adressera, accompagné de ses observations, au préfet du département.

5. A partir du 1ᵉʳ juillet, le préfet procédera à la révision générale de la liste.

6. Il y ajoutera les citoyens qu'il reconnaîtra avoir acquis les qualités requises par la loi; et ceux qui auraient été précédemment omis.

Il en retranchera,

1° Les individus décédés;

2° Ceux qui auront perdu les qualités requises;

3° Ceux dont l'inscription aura été déclarée nulle par les autorités compétentes;

4° Enfin ceux qu'il reconnaîtrait avoir été induement inscrits, quoique leur inscription n'eût pas été attaquée.

Il tiendra un registre de toutes ces décisions, et il fera mention de leurs motifs et des pièces à l'appui.

7. La liste, ainsi rectifiée par le préfet, sera affichée, le 15 août, au chef-lieu de chaque commune, et déposée au secrétariat des mairies, des sous-préfectures et de la préfecture, pour être donnée en communication à toutes les personnes qui le requerront.

Elle contiendra, en regard du nom chaque individu inscrit sur la première partie de la liste, l'indication des arrondissemens de perception où il paie des contributions, propres ou déléguées, ainsi que la quotité et l'espèce des contributions pour chacun de ces arrondissemens.

8. La publication prescrite par l'article précédent tiendra lieu de notification des décisions intervenues aux individus dont l'inscription aura été ordonnée.

Toute décision ordonnant radiation sera notifiée dans les dix jours à celui qu'elle concerne, ou au domicile qu'il sera tenu d'élire pour l'exercice de ses droits politiques, s'il n'habite pas le département.

Cette notification et toutes celles qui doivent avoir lieu, aux termes de la présente loi, seront faites suivant le mode employé jusqu'à présent pour les jurés, en exécution de l'art. 389 du Code d'instruction criminelle.

9. Après la publication de la liste rectifiée, il ne pourra plus y être fait de changement qu'en vertu de décisions rendues par le préfet, en conseil de préfecture, dans les formes ci-après.

Titre II. Des réclamations sur la révision des listes.

10. A compter du 15 août, jour de la publication, il sera ouvert, au secrétariat général de la préfecture, un registre coté et paraphé par le préfet, sur lequel seront inscrites, à la date de leur présentation, et suivant un ordre de numéros, toutes les réclamations concernant la teneur des listes. Ces réclamations seront signées par le réclamant ou par son fondé de pouvoirs.

Le secrétaire-général donnera récépissé de chaque réclamation et des pièces à l'appui. Ce récépissé énoncera la date et le numéro de l'enregistrement.

11. Tout individu qui croirait devoir se plaindre, soit d'avoir été induement inscrit, omis ou rayé, soit de toute autre erreur commise à son égard dans la rédaction des listes, pourra, jusqu'au 30 septembre inclusivement, présenter sa réclamation, qui devra être accompagnée de pièces justificatives.

12. Dans le même delai, tout individu inscrit sur la liste d'un département pourra réclamer l'inscription de tout citoyen qui n'y serait pas porté, quoique réunissant toutes les conditions nécessaires, la radiation de tout individu qu'il prétendrait y être induement inscrit, ou la ratification de toute autre erreur commise dans la rédaction des listes.

Il devra motiver sa demande, et l'appuyer de pièces justificatives.

13. Aucune des demandes énoncées en l'article précédent ne sera reçue, lorsqu'elle sera formée par des tiers, qu'autant que le réclamant y joindra la preuve qu'elle a été par lui notifiée à la partie intéressée, laquelle aura dix jours pour y répondre, à partir de celui de la notification.

14. Le préfet statuera en conseil de préfecture sur les demandes dont il est fait mention aux articles 11 et 12 ci-dessus, dans les cinq jours qui suivront leur réception, quand elles seront formées par les parties elles-mêmes ou par leurs fondés de pouvoirs; et dans les cinq jours qui suivront l'expiration du délai fixé par l'art. 13, si elles sont formées par des tiers.

Ses décisions seront motivées.

La communication, sans déplacement, des pièces respectivement produites sur la question en contestation, devra être donnée à toute partie intéressée qui le requerra.

15. Il sera publié, tous les quinze jours, un tableau de rectification, conformément aux décisions rendues dans cet intervalle, et présentant les indications mentionnées à l'article 7 ci-dessus.

Aux termes de l'art. 8, la publication de ces tableaux de rectification tiendra lieu de notification aux individus dont l'inscription aura été ordonnée ou rectifiée.

Les décisions portant refus d'inscription ou prononçant des radiations, seront notifiées, dans les cinq jours de leur date, aux individus dont l'inscription ou la radiation aura été réclamée, soit par eux-mêmes, soit par des tiers.

Les décisions rejetant les demandes en radiation ou rectification seront notifiées dans le même délai, tant au réclamant qu'à l'individu dont l'inscription aura été contestée.

16. Le 16 octobre, le préfet procédera à la clôture de la liste. Le dernier tableau de rectification, l'arrêté de clôture et la liste du collège départemental, dans les départemens où il y a plusieurs collèges, seront affichés le 20 du même mois.

17. Il ne pourra plus être fait de changemens à la liste qu'en vertu d'arrêts rendus dans la forme déterminée au titre suivant.

TITRE III. Réclamations contre les décisions du préfet en Conseil de préfecture.

18. Toute partie qui se croira fondée à contester une décision rendue par le préfet en conseil de préfecture pourra porter son action devant la Cour royale du ressort.

L'exploit introductif d'instance devra, sous peine de nullité, être notifié dans les dix jours, tant au préfet qu'aux parties intéressées.

Dans le cas où la décision du préfet en conseil de préfecture aurait rejeté une demande d'inscription formée par un tiers, l'action ne pourra être intentée que par l'individu dont l'inscription était réclamée.

La cause sera jugée sommairement, toutes affaires cessantes, et sans qu'il soit besoin du ministère d'avoué. Les actes judiciaires auxquels elle donnera lieu seront enregistrés gratis. L'affaire sera rapportée en audience publique par un des membres de la Cour, et l'arrêt sera prononcé après que le ministère public aura été entendu.

S'il y a pourvoi en cassation, il sera procédé comme devant la Cour royale, avec la même exemption de droits d'enregistrement, sans consignation d'amende.

19. Le recours et l'action intentés par suite d'une décision qui aura rayé un individu de la liste, ou qui lui aura attribué une quotité de contribution moindre que celle pour laquelle il était précédemment inscrit, auront un effet suspensif.

20. Le préfet, sur la notification de l'arrêt intervenu, fera sur la liste la rectification qui aura été prescrite.

TITRE IV. Formation d'un tableau de rectification en cas d'élection après la clôture annuelle des listes.

21. Lorsque la réunion d'un collège aura lieu dans le mois qui suivra la publication du dernier tableau de rectification prescrit par l'art. 16, il ne sera fait à ce tableau aucune modification. Dans ce cas, l'intervalle entre la réception de l'ordonnance et la réunion du collège, sera de vingt jours au moins.

22. Si la réunion a lieu à une époque plus éloignée, l'intervalle sera de trente jours au moins.

Dans ce dernier cas, le préfet fera afficher immédiatement l'ordonnance de convocation. Le registre prescrit par l'art. 10 ci-dessus sera ouvert; les réclamations prévues par les art. 11 et 12 seront admises; mais elles devront être faites dans le délai de huit jours, sous peine de déchéance.

Le préfet, en conseil de préfecture, dressera le tableau de rectification prescrit par l'art. 6 de la loi du 2 mai 1827. Il le fera publier et afficher le onzième jour au plus tard d'après la publication de l'ordonnance, et les notifications prescrites par l'art. 15 seront faites aux parties intéressées dans le délai de cinq jours.

23. L'action exercée conformément à l'art. 18 sera portée directement devant la Cour royale du ressort; elle n'aura d'effet suspensif que dans le cas de radiation.

L'assignation sera donnée à huitaine, pour tout délai, et la Cour prononcera après l'expiration du délai. L'arrêt ne sera pas susceptible d'opposition.

24. Il ne pourra être fait de changement au tableau de rectification ci-dessus prescrit, qu'en exécution d'arrêts rendus par les Cours royales.

TITRE V. Dispositions générales.

25. Nul individu appelé à des fonctions publiques temporaires ou ré-

vocables, ne pourra être inscrit sur la première partie de la liste du département où il exerce ses fonctions, que six mois après la double déclaration
prescrite par l'art. 3 de la loi du 5 février 1817.

26. Les percepteurs de contributions directes sont tenus de délivrer
sur papier libre, et moyennant une rétribution de vingt-cinq centimes par
extrait de rôle concernant le même contribuable, à toute personne portée
au rôle, l'extrait relatif à ses contributions; et à tout individu qualifié
comme il est dit à l'art. 12 ci-dessus, tout certificat négatif, ou tout extrait
des rôles de contributions.

27. Il sera donné communication des listes annuelles et des tableaux
de rectification à tous les imprimeurs qui voudront en prendre copie. Il
leur sera permis de les faire imprimer sous tel format qu'il leur plaira de
choisir, et de les mettre en vente.

28. Pour l'année 1828, les opérations ordonnées par la présente loi
commenceront le premier jour du mois qui suivra sa promulgation, et
seront poursuivies en observant les délais qu'elle prescrit.

EXTRAIT DE L'ORDONNANCE ROYALE DU 4 SEPTEMBRE 1820, EN
CE QUI CONCERNE LA PUBLICATION DES LISTES ÉLECTORALES.

Art. 5. La liste de chaque collège, arrêtée ainsi qu'il vient d'être dit,
sera transmise au président, et, pour les collèges divisés en plusieurs sections, au président de chaque section. Une expédition en sera affichée,
dès l'ouverture, dans le lieu de chaque réunion.

6. La division des collèges en plusieurs sections, prescrite par l'art. 9
de la loi du 5 février 1817, sera faite par le préfet en conseil de préfecture, en suivant l'ordre des numéros.

7. Des cartes individuelles seront, à la diligence des préfets et des
maires, adressées, avant l'ouverture, au domicile de chaque électeur;
elles porteront le jour et le lieu de la réunion.

EXTRAIT DE L'ORDONNANCE ROYALE DU 11 OCTOBRE 1820, SUR
LES OPÉRATIONS DES COLLÈGES ÉLECTORAUX, ET LES ATTRIBU-
TIONS DES PRÉSIDENS DE COLLÈGES.

Art. 3. La liste des électeurs et celle des éligibles doivent rester affichées dans la salle des séances pendant le cours de l'opération.

4. En cas d'empêchement, soit avant l'ouverture, soit pendant les opérations, d'un président ou vice-président, le préfet nommera un des
électeurs pour le remplacer.

5. Nul ne pourra être admis dans le collège, ou section de collège,
s'il n'est inscrit sur la liste définitive remise au président ou vice-président.

6. Le jour fixé pour l'ouverture, la séance commencera à huit heures
précises du matin. Elle sera ouverte par le président ou vice-président,
lequel désignera, parmi les électeurs présens, les quatre scrutateurs et
le secrétaire provisoires. Il sera ensuite procédé à la nomination du bureau
définitif par deux scrutins simultanés, mais distincts : l'un de liste simple,
pour les quatre scrutateurs; l'autre individuel, pour le secrétaire. L'une
et l'autre nomination pourra avoir lieu à la simple majorité des voix des
électeurs présens (1).

7. Aussitôt que le président ou vice-président aura proclamé le bureau

____

(1) Art. 10 et 12 de la loi du 5 février 1817.

définitif, le secrétaire ouvrira le procès-verbal, lequel devra contenir les opérations qui auront eu lieu jusqu'à ce moment, être tenu en double minute, rédigé à la fin de chaque séance, et signé, au plus tard, à l'ouverture de la séance suivante, par tous les membres du bureau qui y auront assisté.

8. La police du collège ou de la section appartenant au président ou au vice-président, nulle force armée ne peut, sans leur demande, être placée auprès du lieu des séances. Les commandans militaires sont tenus d'obtempérer à leurs réquisitions.

9. Doivent toujours être présens, dans chaque bureau, trois au moins des membres qui le composent (1).

Le bureau juge provisoirement toutes les difficultés qui s'élèvent sur les opérations du collège ou de la section, sauf la décision définitive de la Chambre des députés (2). Il ne doit pas s'occuper des réclamations qui auraient pour objet le droit de voter. Il délibère à part; le président prononce la décision à haute voix.

10. S'il s'élève des discussions dans le sein d'un collège ou d'une section, le président ou vice-président rappellera aux électeurs qu'aux termes de l'art. 8 de la loi du 5 février 1817, toute discussion, toute délibération, leur sont interdites : si, malgré cette observation, la discussion continue, et si le président n'a pas d'autre moyen de la faire cesser, il prononcera la levée de la séance, et l'ajournement au lendemain au plus tard. Les électeurs seront obligés de se séparer à l'instant.

11. Il sera, pour chaque tour de scrutin, procédé à l'appel des électeurs, lesquels, à mesure que leur nom sera appelé, se présenteront pour voter. Chacun d'eux, en votant pour la première fois, devra prononcer le serment dont la teneur suit :

« Je jure fidélité au roi, obéissance à la Charte constitutionnelle et aux lois du royaume. »

12. Les électeurs votent par bulletins de liste, contenant, à chaque tour de scrutin, autant de noms qu'il y a de nominations à faire (3).

Chaque électeur écrit secrètement son vote sur le bureau, ou l'y fait écrire par un autre électeur de son choix, sur un bulletin qu'il reçoit à cet effet du président; il remet son bulletin, écrit et fermé, au président, qui le dépose dans l'urne destinée à cet usage (4).

Le nom, la qualification et le domicile de chaque électeur qui déposera son bulletin, seront inscrits, par le secrétaire ou l'un des scrutateurs présens, sur une liste destinée à constater le nombre des votans.

Celui des membres du bureau qui aura inscrit le nom, la qualification, le domicile de l'électeur, inscrira en marge son propre nom.

Il n'y a que trois tours de scrutin.

Chaque scrutin est, après être resté ouvert au moins pendant six heures, clos à trois heures du soir, et dépouillé séance tenante (5).

13. Continueront d'être reçus, jusqu'à l'heure fixée pour la clôture, les bulletins des électeurs qui, n'ayant pas répondu à l'appel, se présenteront ensuite pour voter.

14. A trois heures, le président ou vice-président déclarera que le scrutin est clos; il comptera le nombre des bulletins, et il en ordonnera le dépouillement. Le procès-verbal constatera le nombre des bulletins trouvés dans l'urne et celui des électeurs qui auront voté.

(1) Art. 11, paragraphe 2 de la loi du 5 février 1817.
(2) Art. 11, paragraphe 3 de la loi du 5 février 1817.
(3) Loi du 5 février 1817, art. 13, paragraphe 1er.
(4) Loi du 29 juin 1820, art. 6.
(5) Loi du 5 février 1817, art. 13.

Si le nombre des bulletins est infériuer ou supérieur à celui des votans, le bureau décidera provisoirement, selon les cas et les circonstances, de la validité de l'opération. Il sera fait mention de la décision au procès-verbal.

15. Nul ne peut être élu député aux deux premiers tours de scrutin, s'il ne réunit au moins le tiers plus une de la totalité des voix des membres qui composent le collège, et la moitié plus un des suffrages exprimés (1).

16. Après les deux premiers tours de scrutin, s'il reste des nominations à faire, le bureau du collège dresse et arrête une liste des personnes qui, au deuxième tour, ont obtenu le plus de suffrages; elle contient deux fois autant de noms qu'il y a encore de députés à élire.

Les suffrages, au troisième tour de scrutin, ne peuvent être donnés qu'à ceux dont les noms sont portés sur cette liste. Les nominations ont lieu à la pluralité des votes exprimés (2).

17. Le bureau raiera de tout bulletin :

1o Les derniers noms inscrits au-delà de ceux qu'il doit contenir;

2o Les noms qui ne désigneraient pas clairement l'individu auquel ils s'appliquent;

3o Au troisième tour de scrutin, les noms qui ne feraient point partie de la liste double des personnes qui ont obtenu le plus de suffrages au deuxième tour.

18. L'état du dépouillement du scrutin de chaque section est signé et arrêté par le bureau. Il est immédiatement porté, par le vice-président, au bureau du collège, qui fait, en présence des vice-présidens de toutes les sections, le recensement général des votes. Le résultat de chaque tour de scrutin est sur-le-champ rendu public (3).

19. Si une ou plusieurs sections n'avaient pas terminé leurs opérations, ou n'en avaient fait que d'irrégulières, le recensement des votes des autres sections n'en aura pas moins lieu, et les candidats qui auraient obtenu le nombre de voix nécessaire, seront proclamés.

20. Le président prononcera la séparation du collège aussitôt que les opérations seront terminées, et au plus tard le dixième jour après l'ouverture (4).

21. Immédiatement après la clôture, le président adressera au préfet du département les deux minutes du procès-verbal de chaque collège ou section de collège, et le procès-verbal des recensemens généraux pour les collèges qui seront divisés en sections.

L'une des deux minutes restera déposée aux archives de la préfecture, et l'autre sera envoyée par le préfet à notre ministre secrétaire-d'état de l'intérieur, qui la transmettra aux questeurs de la Chambre des députés.

CODE PÉNAL.

CHAP. II. CRIMES ET DÉLITS CONTRE LA CHARTE CONSTITUTIONNELLE.

SECTION PREMIERE. Des crimes et délits relatifs à l'exercice des droits civiques.

109. Lorsque par attroupement, voies de fait ou menaces, on aura empêché un ou plusieurs citoyens d'exercer leurs droits civiques, chacun des coupables sera puni d'un emprisonnement de six mois au moins, et

(1) Loi du 29 juin 1820, art. 7.
(2) Loi du 5 février 1817, art. 15.
(3) Loi du 5 février 1817, art. 13.
(4) Loi du 5 février 1817, art. 12.

de deux ans au plus, et de l'interdiction du droit de voter et d'être éligible pendant cinq ans au moins, et dix ans au plus.

110. Si ce crime a été commis par suite d'un plan concerté pour être exécuté, soit dans tout le royaume, soit dans un ou plusieurs départemens, soit dans un ou plusieurs arrondissemens communaux, la peine sera le bannissement.

111. Tout citoyen qui, étant chargé dans un scrutin, du dépouillement des billets contenant les suffrages des citoyens, sera surpris falsifiant ces billets ou en soustrayant de la masse, ou y en ajoutant, ou inscrivant sur les billets des votans non lettrés, des noms autres que ceux qui lui auraient été déclarés, sera puni de la peine du carcan.

112. Toutes autres personnes coupables des faits énoncés dans l'article précédent, seront punies d'un emprisonnement de six mois au moins, et de deux ans au plus, et de l'interdiction du droit de voter et d'être éligible pendant cinq ans au moins, et dix ans au plus.

113. Tout citoyen qui aura dans les élections acheté ou vendu un suffrage à un prix quelconque, sera puni d'interdiction des droits de citoyen, et de toute fonction ou emploi public pendant cinq ans au moins, et dix ans au plus.—Seront en outre, le vendeur et l'acheteur du suffrage, condamnés chacun à une amende, double de la valeur des choses reçues ou promises.

CIRCULAIRES MINISTÉRIELLES.

Circulaire du Ministre de l'Intérieur.

Paris, le 12 juillet 1828.

Monsieur le préfet, vous aurez suivi avec trop d'attention la discussion de la loi sur la révision annuelle des listes électorales et du jury, et cette discussion est trop récente pour qu'il soit nécessaire de vous rappeler les motifs qui en ont déterminé la proposition et l'adoption. Le gouvernement aura atteint son but si les dispositions plus explicites de la loi du 2 juillet, les obligations qu'elle impose d'une manière plus précise aux fonctionnaires chargés de l'exécuter, les renseignemens dont elle veut qu'ils s'entourent, en donnant aux électeurs plus de garantie de la reconnaissance de leurs droits, rendent plus faciles les devoirs de l'administration, exposent moins ses actes à une censure qui, ne fût-elle pas fondée, atténue toujours la confiance qu'elle doit inspirer.

La loi du 2 juillet, en rappelant explicitement un principe établi déjà par la loi du 2 mai 1827, a déclaré la liste permanente. Ainsi il ne s'agit pas de former une nouvelle liste d'électeurs et de jurés, mais de réviser celle qui existe déjà en vertu de la loi du 2 mai.

Relativement à la première partie, comprenant les *électeurs*, la révision devra porter sur les listes d'arrondissement qui ont servi aux dernières élections, soit en novembre 1827, soit dans les premiers mois de 1828, au cas où quelque collège électoral aurait été convoqué depuis le renouvellement de la Chambre des députés. La révision devra être effectuée d'après la *position actuelle* des individus inscrits, c'est-à-dire d'après les rôles de 1828. En effet, l'article 7 de la loi du 2 juillet prescrit d'indiquer le détail des contributions que *paie* chaque électeur, et ce ne serait point exécuter cette disposition que d'indiquer les contributions qu'il *payait* en 1827.

La révision doit être complète, et vous le concevrez aisément. A l'é-
gard d'un grand nombre d'électeurs, il est indispensable de comparer
les élémens du cens électoral de l'année dernière avec leurs contributions
actuelles, pour reconnaître si ces électeurs n'ont pas perdu leurs droits,
et s'ils doivent être maintenus sur la liste. Quant à ceux dont le cens est
assez élevé pour qu'il soit hors de doute que les changemens survenus
dans leurs contributions ne leur enlèvent pas la capacité électorale, il
n'est pas moins nécessaire de faire la même vérification ; car on s'expose-
rait, en reproduisant à leur égard les élémens du cens de 1827, à provoquer, à juste titre, de nombreuses actions en rectification du cens, auxquelles l'administration ne pourrait se dispenser de faire droit.

Cette vérification des droits de chaque électeur doit se faire d'office
par l'administration. Vous ne pourriez, comme cela se pratiquait précédemment à chaque formation d'une liste électorale, exiger des électeurs
inscrits des justifications nouvelles. Cependant rien ne s'oppose à ce
qu'en invitant tous les ayant-droit non encore inscrits à justifier de leur
qualité, vous invitiez également les électeurs et jurés dont la position
aurait changé à faire connaître ce changement à leurs maires respectifs.
Vous pourriez, à cet effet, publier, aussitôt après la réception de la présente circulaire, un avis qui serait affiché dans toutes les communes. Il
recommanderait aussi aux maires de rechercher les modifications survenues dans la position des habitans et propriétaires de leurs communes,
sous le rapport de la qualité d'électeur ou de juré. Au moyen de ces recherches préparatoires, chaque maire arriverait à la réunion prescrite par
l'article 2 de la loi du 2 juillet, avec des renseignemens positifs. Ces
fonctionnaires se communiqueront alors et rectifieront mutuellement les
notions relatives aux électeurs payant des contributions dans plusieurs
communes de l'arrondissement cantonnal.

Il importe de simplifier les opérations de ces réunions, de manière à
ce qu'elles puissent être terminées, s'il est possible, en une seule séance.
A cet effet, vous devrez préparer des états des électeurs et des jurés qui
appartiennent au canton par leur domicile ou seulement par les contributions qu'ils y paient. Ces états seront adressés aux maires des chefs-
lieux de canton. Les maires réunis indiqueront, d'après l'examen des
rôles de 1828 et les renseignemens recueillis par eux, ou que leur fourni-
ront les percepteurs, les modifications dont les états partiels leur paraîtront susceptibles, et la cause de ces modifications.

En ce qui concerne la liste électorale, ou *première partie* de la liste du
jury, ces états seront au nombre de trois, comprenant :

1° Les électeurs ayant leur domicile politique dans le canton ;

2° Les électeurs du département payant des contributions directes
dans le canton, mais qui ont leur domicile politique dans un autre ;

3° Enfin, les électeurs ayant leur domicile politique dans d'autres
départemens et payant également des contributions directes dans le canton.

Ces états indiqueront les contributions attribuées aux électeurs dans
l'arrondissement cantonnal, les noms sous lesquels elles figurent aux
rôles, et le titre auquel ces électeurs en profitent.

Ces détails vous seront fournis, relativement aux deux premières classes
d'électeurs, par les dossiers individuels qui ont servi à former les dernières listes électorales et qui doivent exister dans vos bureaux ; et relativement aux électeurs qui ne sont point inscrits dans votre département,
par la correspondance que vos collègues ont dû ouvrir avec vous, en
vertu de la circulaire du 6 juin dernier.

Vous trouverez ci-joints, sous les numéros 1, 2 et 3, des modèles indiquant la forme dans laquelle ces états partiels pourront être dressés.

Il conviendra de laisser, à la suite de l'état n° 1er, un espace en blanc, destiné à recevoir les noms et autres indications concernant les électeurs précédemment omis et ceux qui ont acquis la capacité électorale depuis la clôture de la dernière liste.

Le résultat du travail des maires et des percepteurs pourra être consigné sur un cahier d'observations. Je vous adresse sous le n° 4, et plutôt comme exemple que comme modèle, l'esquisse d'un de ces cahiers. Vous pourrez, si vous le jugez convenable, lui donner la forme d'un tableau à plusieurs colonnes. Il me semble toutefois que la difficulté d'embrasser dans un semblable cadre tous les cas différens qui peuvent se présenter, est une raison de ne point lui assigner d'avance une forme déterminée.

Les maires réunis devront aussi s'occuper de la *deuxième partie de la liste du jury,* en ce qui concerne leur canton. Les renseignemens personnels à l'égard de cette classe de jurés étant beaucoup moins compliqués que pour les électeurs, il suffira d'envoyer un extrait de la seconde partie de la liste de 1827. Chaque réunion indiquera, sur un cahier séparé, les modifications survenues dans la position des anciens jurés, et les noms de ceux qui, appartenant aux catégories désignées par l'article 2 de la loi du 2 mai 1827, auraient nouvellement acquis le droit d'être inscrits, ou auraient été précédemment omis.

Si, dans votre département, le nombre de huit cents jurés n'est complété qu'au moyen des plus imposés après les électeurs, en sorte qu'il y ait lieu de former une *liste supplémentaire,* ou *troisième partie de la liste générale,* conformément à l'article 2, dernier alinéa, de la loi du 2 mai, vous adresserez à chaque réunion des maires un état des personnes payant des contributions dans le canton, soit qu'elles y résident ou non, et précédemment inscrites sur cette troisième partie. Cet état sera dans la forme des modèles n°s 1, 2 et 3, et donnera lieu à la rédaction d'un cahier d'observations semblable à celui qui concerne les électeurs. On y ajoutera, 1° les contribuable ayant acquis un cens supérieur à celui des individus qui figuraient sur la troisième partie de la liste de 1827; 2° un certain nombre de contribuables payant un cens immédiatement inférieur, nombre que vous aurez déterminé d'avance, suivant les développemens que renferme la circulaire du 29 juin 1827 (pages 17 et 18).

Vous aurez soin de recommander aux maires des chefs-lieux de transmettre immédiatement au sous-préfet les états partiels dont il a été fait mention ci-dessus, ainsi que les cahiers contenant les renseignemens et observations présentés par les maires du canton.

C'est ici que finissent les opérations préparatoires confiées aux maires. Mais pour compléter ce qui concerne les réunions prescrites par l'article 3 de la loi du 2 juillet, j'ajouterai quelques observations sur leur composition et la tenue de leurs séances.

MM. les sous-préfets fixeront les jours de réunion, de manière que les percepteurs, dont l'arrondissement de perception s'étend sur plusieurs cantons, puissent assister à toutes les réunions dont ils doivent faire partie.

MM. les maires sentiront assez l'importance des soins qui leur sont confiés, pour qu'il y ait lieu de compter sur leur exactitude. Si l'un d'eux était absolument empêché de se rendre à la réunion, il serait suppléé par son adjoint, ou, à défaut, par le plus ancien conseiller municipal. Si un ou plusieurs conseillers municipaux des villes désignées à l'article 3 de la loi du 2 juillet ne pouvaient assister à la réunion, ils seraient remplacés par ceux qui les suivent dans l'ordre d'ancienneté.

En cas d'absence du maire du chef-lieu de canton, les fonctions de président doivent être exercées par le plus âgé de ses collègues.

Les maires réunis désigneront un secrétaire, qui pourra être pris soit parmi eux, soit parmi les percepteurs. Il signera, avec le président, les états et cahiers d'observations.

Si des difficultés s'élèvent, il parait naturel qu'elles soient résolues à la majorité absolue des suffrages des fonctionnaires municipaux. En effet, eux seuls ont voix délibérative. Selon l'article 2 de la loi du 2 juillet, ils se font assister des percepteurs : ceux-ci coopèrent donc seulement aux travaux de la réunion, mais n'en font pas partie intégrante.

En cas de partage de voix, il convient de mentionner les deux avis différens.

Je n'entrerai pas dans plus de détails relativement aux réunions des maires et percepteurs. Elles sont chargées des premières opérations prescrites par la loi du 2 juillet; la suite du travail concerne les sous-préfets et les préfets d'abord seuls, puis avec le concours des conseils de préfecture, sauf action devant les Cours royales. Je vous adresserai ultérieurement les éclaircissemens dont le besoin se ferait sentir sur la partie purement administrative des opérations dont il s'agit. Quant aux questions contentieuses qui touchent à des intérêts privés, il vous appartient de les juger d'après vos propres lumières, en consultant la jurisprudence, et en vous aidant de l'avis du Conseil de préfecture.

Je ne terminerai pas sans vous rappeler que tous vos efforts doivent tendre vers le double but de porter sur les listes tous ceux qui ont droit d'y figurer, de n'y point inscrire ceux qui ont perdu ou qui n'auraient pas acquis la capacité légale. J'aime à penser que votre zèle ne restera pas au-dessous des obligations qui vous sont imposées.

INSTRUCTION DU MINISTRE DE L'INTERIEUR (M. DE MARTIGNAC) SUR LA LOI DU 2 JUILLET 1828.

Du 25 août 1828.

Monsieur le préfet, en vous adressant, le 12 juillet, des instructions sur les travaux des réunions de maires et de percepteurs, prescrites par les articles 2 et 3 de la loi du 2 juillet dernier, je vous annonçais des instructions ultérieures sur la partie purement administrative des opérations qui complètent la révision des listes électorales et du jury.

Tel est l'objet de la présente circulaire.

Suivant l'article 4 de la loi du 2 juillet, MM. les sous-préfets doivent vous adresser chaque année, au plus tard le 1er juillet, les résultats des premières opérations, après les avoir révisées et complétées au moyen des renseignemens qu'ils auront eux-mêmes recueillis.

C'est alors que commencera la révision effective dont vous êtes chargés.

Elle embrasse deux périodes distinctes : 1º le travail du préfet pour dresser et publier la liste révisée; 2º le jugement par le préfet, en conseil de préfecture, des réclamations contre la teneur de cette liste.

§ Ier. *Révision de la liste par le préfet.*

I. Travail du préfet avant la publication de la liste.

Je vous ai déjà fait remarquer que l'exécution de la loi du 2 juillet exige que l'administration s'assure de la position actuelle des électeurs précédemment inscrits.

L'intervalle de six semaines que la loi a laissé entre la transmission des renseignemens donnés par les maires et les sous-préfets, et la publication de la liste, annonce assez que vous devez vérifier avec un soin particulier les élémens que vous aurez réunis, et vous occuper, dans tous ses détails, de la rédaction de cette liste.

Pour apprécier le cens électoral de chacun des anciens électeurs, vous devrez comparer les articles dont il se composait en 1827, avec les articles correspondans de la matrice du rôle en 1828, déposée chez le directeur des contributions directes. Il serait plus sûr et plus régulier (a) de demander aux percepteurs et aux maires les extraits de rôles et les certificats de possession annale, pour établir, sur pièces probantes, le cens de chaque électeur; mais ce mode peut entraîner des frais. C'est à vous à examiner si, par des moyens plus simples, vous pouvez satisfaire aux devoirs qui vous sont imposés par la nouvelle loi, et qui consistent à concilier le principe de la permanence des listes et du maintien des électeurs dont les droits ont été une fois reconnus, avec l'obligation de rayer ceux qui ont perdu leurs droits, et de publier d'une manière détaillée les élémens du cens électoral de chacun.

Mais, quel que soit le moyen que vous adoptiez, vous ne devrez que dans des cas rares demander aux électeurs déjà inscrits de nouvelles pièces justificatives. En principe général, c'est à l'administration à se les procurer. Elle ne doit s'adresser aux électeurs que pour obtenir les pièces qui ne peuvent être à sa disposition, et seulement quand elle a des raisons de penser que leurs droits dans la propriété ou l'industrie dont les contributions leur ont été précédemment attribuées, ont dû subir des modifications.

Si la vérification, faite par vous-même, du cens électoral et des autres qualités de chaque électeur, vous amène à reconnaître qu'un électeur inscrit sur la dernière liste se trouve dans l'une des quatre catégories indiquées au deuxième paragraphe, article 6, vous prononcerez sa radiation par une décision motivée, qui fera mention des pièces à l'appui.

Vous pouvez ne pas attendre l'époque de la publication de la liste révisée, pour prendre de telles décisions.

II. Notification des décisions portant radiation.

Elles devront être notifiées dans les dix jours. (Loi du 2 juillet, article 8.) Ces dix jours se comptent à partir de la date des décisions, et non de la publication de la liste : c'est ce qui résulte de la discussion et de l'ensemble même de l'art. 8.

En prenant, à partir du 1er juillet, de telles décisions, à mesure que vous en aurez recueilli les élémens, vous donnez aux intéressés plus de temps pour rechercher les pièces propres à appuyer les réclamations qu'ils auraient à former. Vous pourrez, en notifiant vos décisions, avertir ceux qu'elles concernent que vous commencerez, à dater du 15 août seulement, à vous occuper, en conseil de préfecture, de l'examen de leurs réclamations.

Les notifications auront lieu, aux termes de l'article 8, suivant le mode employé jusqu'à présent pour les jurés, en exécution de l'article 389 du Code d'instruction criminelle. Une circulaire du ministère de la justice, qui vous a été adressée le 30 juin 1827, contient sur cet objet les intructions nécessaires.

Indépendamment des radiations, vous aurez à effectuer des rectifica-

(1) Il a été reconnu, depuis, qu'en effet le meilleur moyen de vérification des droits des électeurs, est de recueillir d'office, chaque année, les extraits des rôles et les certificats de possession annale, C'est ce qu'indique une circulaire, en date du 14 avril 1829.

tions de cens ou de domicile. La loi n'a pas prescrit, à ce sujet, de décisions formelles. Vous mentionnerez seulement ces modifications sur le registre matricule dont il sera parlé ci-dessous, et sur un bordereau dont le dépouillement vous servira à former la minute de la liste livrée à l'impression.

Une exception doit cependant être faite pour les rectifications dont le résultat serait une exclusion probable du collège départemental.

III. Il y a lieu de notifier les décisions portant réduction du cens électoral, quand elles le font tomber au-dessous du *minimum* du cens départemental.

La loi du 2 juillet ne prescrit de publier au 15 août, que les listes électorales d'arrondissement. Elle ne s'occupe nullement, dans le titre premier, de la liste du collège départemental, qui n'est formée que deux mois plus tard (article 16), et lorsque la voie des réclamations est complètement fermée; mais les réductions du cens, effectuées du 15 août au 16 octobre, peuvent avoir pour effet de faire sortir du collège départemental, un individu qui n'en reste pas moins électeur d'arrondissement. Or, il est dans l'esprit de la loi du 2 juillet (article 8), et de celle du 2 mai 1827 (article 5), qu'une telle réduction, qui est de nature à faire perdre un droit acquis (celui d'électeur de département), s'effectue par une décision motivée, notifiée dans les dix jours de sa date. Comme il n'y a de droit acquis qu'à l'égard des électeurs qui figurent sur la liste départementale antérieure, cette obligation ne s'applique qu'aux réductions de cens qui affectent ces électeurs, et qui ont pour effet de faire tomber leurs contributions au-dessous du minimum précédemment déterminé. Si, par exemple, le cens départemental était 870 francs, toute rectification qui ferait tomber le sens d'un électeur au-dessous, donnerait lieu à une décision motivée, comme pour le cas de radiation.

IV. Inscription de nouveaux électeurs.

En ce qui concerne les nouveaux électeurs, soient qu'ils aient acquis récemment leurs droits, soit que la déchéance encourue par leur négligence à se faire inscrire en 1827, cesse pour eux cette année, la plupart, sans doute, vous auront adressé des demandes, accompagnées de pièces; d'autres vous seront indiqués par les travaux préparatoires des autorités locales. Vous-même devrez d'office rechercher ceux qui ne vous auraient pas encore été désignés, et demander, soit à ces électeurs, soit aux autorités locales, les renseignemens et pièces propres à établir leurs droits.

Vous les inscrirez, après avoir pris à cet effet des décisions motivées, qui mentionneront les pièces à l'appui (article 6, dernier paragraphe). Ces décisions pourront être fort succinctes.

Après avoir exposé ce que doit être le travail de la révision annuelle de la première partie de la liste, je crois devoir vous indiquer quelques mesures d'ordre utiles pour l'exécution de la loi.

V. Registre-matricule des électeurs; registre des décisions rendues par le préfet pour la révision de la liste; registre du domicile politique.

Il importe d'établir, si vous ne l'avez déjà fait, le registre-matricule indiqué dans la circulaire du 18 février 1827. Ce registre, destiné à servir un certain nombre d'années, par exemple, de cinq à dix ans, devra être disposé de manière à recevoir l'indication des mutations survenues d'une année à l'autre, dans la situation des électeurs déjà inscrits, et l'inscription des électeurs ayant acquis ou recouvré la capacité légale.

Les détails qui ne pourraient trouver place dans ce registre, sans lui donner des proportions trop volumineuses, seraient portés sur un bordereau renfermant les titres justificatifs des droits de chaque électeur. Ces titres, à l'exception de ceux qui concernent des intérêts privés, et que l'électeur réclamerait après les avoir communiqués, seraient conservés à la préfecture. Les extraits de rôles qui en feront partie pourront être renouvelés tous les ans, ainsi que le bordereau indicatif. C'est d'après ces dossiers, refaits annuellement, que seront opérés les changemens sur le registre-matricule et l'inscription sur la liste révisée.

Il sera utile d'ouvrir en outre des registres particuliers, savoir (1).

1° Un registre sur lequel vous inscrirez vos décisions, à l'effet d'ordonner de nouvelles inscriptions ou radiations d'individus précédemment inscrits, ou des réductions du cens au-dessous du dernier *minimum* d'admission dans le collège départemental.

Ce registre sera indépendant de celui sur lequel seront inscrits les arrêtés que vous prendrez en conseil de préfecture, après la publication de la liste, suivant les formes indiquées au titre II de la loi du 2 juillet.

2° Le registre du domicile politique.

Vous avez dû, depuis 1817, y inscrire les déclarations pour établir le domicile politique *dans votre département*, ou pour le transférer dans un département étranger (art. 3 de la loi du 5 février 1817), et, depuis 1820, celles qui ont pour objet de le transférer d'un *arrondissement électoral à un autre*, dans le ressort de votre département. (Article 11 de la loi du 29 juin 1820.)

VI. Déclarations de domicile exigées des fonctionnaires révocables.

Il y faudra porter les déclarations que l'art. 25 de la loi du 2 juillet exige des fonctionnaires publics temporaires ou révocables, lorsqu'ils voudront être inscrits sur la liste électorale, ou renoncer à cette incription, pour exercer, dans un autre département, leurs droits électoraux.

L'obligation de recourir aux déclarations expresses dont il s'agit, ne pourrait être opposée aux fonctionnaires qui, avant la promulgation de la loi, étaient déjà portés sur les listes électorales. L'inscription régulièrement faite sur la liste antérieure, constitue en leur faveur un droit acquis; la loi n'a voulu ni pu le leur faire perdre.

VII. Élections de domicile politique spécial pour les notifications.

Vous inscrirez, en outre, sur ce registre, les *élections de domicile spécial* que sont tenus de faire, aux termes de l'art. 8, les électeurs qui, n'habitant pas votre département, y possèdent un domicile politique séparé de leur domicile réel.

Vous devrez, par un avis publié immédiatement après la réception de la présente circulaire, inviter ces électeurs à vous adresser une déclaration indiquant la commune et le nom de l'habitant auquel devront être faites toutes les notifications relatives à l'exercice du droit électoral. L'électeur peut choisir ce domicile spécial dans toute autre commune du département que celle où il a son domicile politique; et ce ne serait que dans le cas où il n'aurait pas fait cette déclaration, que vous adresseriez les notifications au maire de la commune de son domicile politique.

---

(1) La loi ne prescrit d'ouvrir un registre pour inscrire les demandes et réclamations concernant la liste électorale et du jury, qu'après la publication de la liste révisée (art. 10). Mais vous pouvez, comme mesure d'ordre, établir, si vous le jugez utile, un registre particulier sur lequel seront inscrites, à l'arrivée, toutes les demandes, tous les envois de pièces relatives à la révision, et qui vous parviendraient avant le 15 août.

VIII. Révision de la seconde partie de la liste du jury.

Je n'ai parlé, jusqu'à présent, que de votre travail concernant la révision de la première partie de la liste du jury. Vous avez à vous occuper également de la révision de la seconde, et, s'il y a lieu, de la troisième partie.

IX. Jurés appartenant aux quatre dernières catégories de la seconde partie.

La seconde partie doit contenir les noms et les qualités des jurés compris dans les catégories désignées au troisième paragraphe de l'art. 2 de la loi du 2 mai 1827; il est facile de reconnaître ceux des quatre dernières catégories qui ont perdu ou acquis la capacité légale. Les cahiers d'observations transmis par les maires et par les sous-préfets, vous seront pour cela fort utiles, et les renseignemens que vous aurez par-devers vous, suffiront pour compléter ce travail.

X. Jurés inscrits comme étant électeurs dans d'autres départemens.

Quant aux jurés qui sont électeurs dans un autre département, et qui ont leur domicile réel dans le vôtre, vous ne devrez retrancher d'abord que ceux dont le changement de position est indépendant de leur cens électoral, et provient de circonstances qui vous seraient notoirement connues, savoir : les décédés, les personnes inscrites qui auraient perdu les droits civils ou politiques par des jugemens, ou celles qui n'auraient plus de domicile réel dans votre département. Quant aux individus qui devraient être rayés de la liste des jurés de votre département, parce qu'ils auraient été, dans un autre, retranchés de la liste électorale, comme ne payant plus le cens voulu, ce ne peut être que par une correspondance suivie avec vos collègues, pendant le travail de la révision, que vous pourrez être incessamment informé des changemens survenus dans la position de ces jurés-électeurs. Vous ne pourrez prononcer leur radiation de la seconde partie de la liste, que lorsque les décisions ou arrêtés par lesquels ils auraient été retranchés de la première partie, vous seraient transmis, soit par le préfet du département où ces individus auraient leur domicile politique, soit par les parties elles-mêmes.

XI. Révision de la troisième partie de la liste du jury.

S'il est nécessaire de former, dans votre département, une troisième partie de la liste du jury, ou *liste supplémentaire*, vous vous servirez des documens que vous aurez demandés aux réunions de maires et de percepteurs. Les rectifications de cens affectent l'inscription sur la troisième partie ainsi que sur la première. Vous aurez donc à vérifier la situation des jurés de cette catégorie, comme celle des électeurs. Seulement, il suffira de publier, comme précédemment, le total de leurs contributions, et non pas les élémens détaillés du cens d'inscription. Cette dernière mesure n'est prescrite que pour les électeurs. (Art. 7 de la loi du 2 juillet.)

Remarquez que la loi prescrit (art. 8) de notifier les retranchemens opérés sur la seconde et la troisième partie de la liste, comme ceux qui concernent la première.

Elle prescrit aussi (art. 6) de tenir un registre des décisions portant *addition* ou *retranchement* sur les deuxième et troisième parties. Vous pourrez inscrire ces décisions sur un registre séparé, pour ne pas les confondre avec celles qui concernent la liste électorale.

XII. Jugement quant au fond.

Vous aurez à statuer sur les droits des électeurs et des jurés, d'après vos propres lumières; et je n'ai point à vous donner de solutions sur les questions contentieuses qui pourraient s'élever.

Quelques-unes de ces questions sont fort controversées, et ont reçu des solutions diverses, soit devant le Conseil d'Etat, soit devant les Cours royales. Ces controverses, le doute qui en est résulté, enfin le changement de compétence introduit par la loi du 2 juillet, sont autant de considérations qui vous permettent d'envisager les questions dont il s'agit comme entièrement neuves, et de les décider ainsi que vos méditations vous y porteront.

Si cependant, depuis l'année dernière, des décisions de l'autorité compétente avaient prononcé la radiation d'un électeur ou d'un juré, je pense que, conformément au n° 3 du deuxième paragraphe de l'article 6, vous devez ne pas le comprendre sur la liste publiée le 15 août, sauf à statuer ensuite, en conseil de préfecture, s'il y a réclamation.

XIII. On peut inscrire d'avance les électeurs et jurés qui doivent accomplir, jusques et compris le 16 octobre, les conditions de temps desquelles dépendent leurs droits.

Suivant le n° 3 du *Recueil des solutions* publié le 29 août 1820, pour l'exécution de la loi du 29 juin précédent, le préfet inscrivait, sur les listes d'électeurs, les individus qui, n'ayant pas encore rempli les conditions de temps nécessaires pour acquérir la capacité électorale, devaient les accomplir jusques et compris la veille de l'ouverture du collège. Les art. 2 et 6 de la loi du 2 mai 1827 avaient fixé, au 30 septembre le terme de toutes les opérations relatives à la révision annuelle des listes. D'après cette disposition, tous les individus accomplissant, jusque et compris le 30 septembre, l'âge de trente ans, l'année de possession ou d'exercice d'industrie, les six mois, cinq ans et dix ans de domicile exigés par les lois de 1817, 1820 et 1827, ont été portés, en 1827, sur la liste publiée le 15 août, lorsque leurs droits avaient été reconnus et constatés. La même règle doit continuer d'être appliquée sous l'empire de la loi du 2 juillet 1828; mais le terme d'accomplissement des conditions de temps me paraît devoir être maintenant le 16 octobre au lieu du 30 septembre. En effet, la clôture de la liste qui, fixée précédemment au 30 septembre, coïncidait avec le terme d'admission des réclamations, en est aujourd'hui séparée, et se trouve portée au 16 octobre (art. 16 de la loi du 2 juillet). Or, c'est l'époque de clôture de la révision annuelle, et non pas le terme d'admission des réclamations, qui doit former la limite annuelle d'acquisition des droits. Si donc vous avez reconnu et vérifié les droits d'individus qui, par l'accomplissement des conditions de temps, acquerraient, jusques et compris le 16 octobre, la capacité d'électeur ou de juré, vous devez les inscrire sur la liste publiée le 15 août (6).

XIV. Époque de la publication de la liste révisée.

Vous arrêterez la liste générale du jury assez à temps pour qu'elle soit affichée et déposée, le 15 août avant midi, dans toutes les communes.

---

(1) Cette inscription, faite d'avance, n'a pas d'inconvénient, parce que la liste ne peut servir, pour les élections, qu'après le 20 octobre, et, pour le jury, qu'à partir du 1er janvier suivant. S'il y avait élection avant le 20 octobre, on se servirait de la liste de l'année précédente, modifiée par un tableau de rectification, selon l'art. 22 de la loi du 2 juillet 1828.

XV. Forme de cette liste.

Cette liste sera divisée en deux, et s'il y a lieu, en trois parties, suivant que les deux premières comprendront, ou non, huit cents noms (dernier paragraphe de l'art. 2 de la loi du 2 mai).

XVI. Il n'y a pas lieu de former la liste du collège départemental.

Il ne faut plus y ajouter la liste du collège départemental. Celle-ci ne doit être formée qu'à l'époque de la clôture (Art 16 de la loi du 2 juillet.) A cet égard, votre travail est donc beaucoup simplifié.

Il convient que les listes qui seront déposées dans les sous-préfectures et les mairies, pour être données en communication à toute personne qui le requerra (art. 7 de la loi), soient en cahier, et non pas en placard.

Pour compléter ce qui regarde la publication de la liste révisée par le préfet agissant administrativement, et sans l'assistance du conseil de préfecture, il est utile de placer ici l'extrait suivant d'une circulaire du 5 août 1829, relative à l'emploi des documens qui ne sont obtenus que pendant l'impression de la liste.

« Monsieur le préfet, l'impression de la liste générale du jury, révisée administrativement par le préfet, et qui doit paraître chaque année le 15 août, exige un temps plus ou moins considérable, pendant lequel sont formées des demandes et recueillis des renseignemens dont l'administration ne peut tirer parti pour cette publication. Des observations m'ont été adressées à ce sujet dès l'année dernière, et divers moyens ont été proposés sur la suite à donner à de tels documens.

« Il avait été question de les considérer comme des réclamations contre la teneur de la liste, et de les inscrire, le 15 août, en tête du registre mentionné par l'art. 10 de la loi du 2 juillet 1828, pour que le préfet, en conseil de préfecture, y statuât dans les formes prescrites par le titre II. Mais, après un nouvel examen de la question, j'ai reconnu qu'il serait plus régulier de faire de ces documens la matière d'un *Supplément à la liste,* qui serait dressé et arrêté par vous dans la même forme que la liste elle-même, le 15 août, ou même le 14 au soir, et qui serait aussitôt imprimé, puis transmis, par vos soins, le plus tôt possible, pour être affiché et déposé, dans toutes les communes, avant le 20 août.

« En effet, tant que la liste générale du jury n'est point affichée, elle ne peut être considérée que comme une minute susceptible de recevoir d'office toutes les corrections nécessaires à la régularité des opérations ; et, lors même que la liste est livrée à l'impression, le préfet ne doit pas moins y apporter tous les changemens motivés par les réclamations ou informations qui lui parviennent avant l'époque indiquée pour l'affiche ; soit qu'il emploie, s'il en est temps encore, la voie de correction sur les épreuves, soit qu'il procède à la formation d'un tableau de rectification, qu'il conviendrait, ainsi que je l'ai dit ci-dessus, d'intituler *Supplément à la liste,* pour ne pas le confondre avec les tableaux de rectification mentionnés dans l'art. 15 de la loi du 2 juillet 1828.

« Je vous invite, en conséquence, à recourir à ce moyen, plutôt qu'à tout autre, pour donner suite aux documens dont vous n'auriez pu tirer parti dans la rédaction de la liste révisée. »

§ II. *Opérations du préfet en Conseil de préfecture.*

I. Registre des réclamations.

Après la publication de la liste révisée, les réclamations contre sa teneur ne peuvent être présentées, reçues et jugées que dans les formes prescrites par le titre II. Le 15 août est l'époque prescrite par la loi (art. 7 et 10) pour ouvrir le registre destiné à les recevoir. L'inscription sur ce registre consistera dans l'indication sommaire des conclusions de chaque réclamation. Le fondé de pouvoir joindra le mandat en vertu duquel il agit. Ce mandat peut être en forme de simple lettre, ainsi qu'une circulaire du 9 octobre 1827 l'avait déjà déterminé.

II. Toutes les réclamations ne sont pas de nature à être portées au Conseil de préfecture.

Toutes les réclamations ne seront pas susceptibles d'être introduites au conseil de préfecture : par exemple, celles qui ne seraient ni motivées, ni accompagnées de pièces; celles qui seraient présentées par des tiers non inscrits sur la liste, ou qui, dans le cas prévu par l'art. 13, ne justifieraient pas de la notification faite à l'intéressé. De telles demandes n'ont pas le caractère des réclamations autorisées par les art. 11 et 12, et ne sauraient être portées devant le conseil de préfecture, ni faire l'objet d'un des arrêts mentionnés à l'art. 14. La loi a posé elle-même des bornes à une action restée jusqu'ici incertaine, et qu'elle a voulu régulariser sans en étendre les effets. En spécifiant la qualité des personnes, la nature des actes qu'elles doivent produire, elle a nécessairement exclu ce qu'elle n'a pas positivement désigné; et prendre, dans ce dernier cas, des décisions en conseil de préfecture, même pour déclarer les parties *non recevables*, serait reconnaître le droit de saisir le préfet, en conseil de préfecture, de demandes irrégulières.

Vous devez donc surveiller vous-même la réception des réclamations, et refuser d'admettre et de porter sur le registre prescrit par l'art. 10 celles dont il s'agit. Soit que vous exprimiez ce refus verbalement ou par écrit, vous aurez soin de donner aux individus qui forment de telles demandes les explications et les éclaircissemens propres à leur indiquer la marche qu'ils doivent suivre, les formalités qu'ils ont à remplir, et les pièces dont la production serait nécessaire pour compléter et régulariser leur action.

III. Notifications des tiers aux parties intéressées.

Les notifications que doivent faire les tiers aux parties intéressées, en vertu de l'art. 13, seront effectuées par huissier.

IV. Communication des pièces aux parties intéressées.

La communication des pièces respectivement produites, autorisée par l'art. 14, et qui doit avoir lieu *sans déplacement*, sera faite par le secrétaire-général. Le requérant devra justifier de son intérêt à obtenir la communication. Cet intérêt ne peut résulter uniquement de la faculté de former un pourvoi pour ou contre une inscription sur la liste du jury, mais d'une instance déjà commencée. C'est ce qui résulte des termes mêmes de l'art. 14.

Pour justifier de son intérêt, le tiers qui a formé la réclamation devra présenter le récépissé qui lui aura été délivré par le secrétaire-général. L'individu dont l'inscription est demandée ou contestée produira la notification qui lui aura été signifiée par l'électeur ou juré réclamant.

V. Le préfet ne peut, après la publication de la liste, introduire, d'office, des réclamations devant le Conseil de préfecture.

La loi du 2 juillet a distingué les opérations purement administratives, du jugement des difficultés qui se présentent sur la rédaction de la liste révisée et publiée le 15 août. Ces difficultés donnent lieu à des réclamations, qui sont présentées par les intéressés eux-mêmes, ou par des tiers inscrits sur la liste. (Art. 11 et 12.) Si, jusqu'à la première publication de la liste, vous faites, d'office, des radiations, retranchemens ou rectifications, vous ne conserverez plus cette faculté lorsqu'il s'agit de décider en Conseil de préfecture, et vous ne pourriez pas introduire d'office des réclamations tendant à la modifier (1).

VI. Notification des arrêtés du préfet, en Conseil de préfecture.

Aux termes des premier et deuxième paragraphes de l'art. 15 de la loi du 2 juillet, les arrêtés que vous prendrez en conseil de préfecture, sur les réclamations mentionnées au titre II, seront tous publiés dans le prochain tableau de rectification (2). Quelques-uns, indépendamment de cette publication, seront notifiés aux parties intéressées et aux tiers réclamans, ainsi que l'indique le tableau suivant :

QUALITÉ du réclamant.	OBJET de LA DEMANDE.	RÉSULTAT de la décision.	MODE DE NOTIFICATION.
Intéressé direct, par lui-même ou par fondé de pouvoir.	Inscription.	Admission.	Publication seulement.
		Rejet.	Notification spéciale à l'intéressé.
	Radiation.	Admission.	Publication et notification spéciale à l'intéressé.
		Rejet.	Notification spéciale à l'intéressé.
	Rectification.	Admission.	Publication seulement.
		Rejet.	Notification spéciale à l'intéressé.
Tiers réclamant.	Inscription.	Admission.	Publication seulement.
		Rejet.	Notification spéciale à celui dont l'inscription était demandée.
	Radiation.	Admission.	Publication et notification spéciale à celui qui est rayé.
		Rejet.	Notification spéciale au tiers réclamant, et à l'individu dont l'inscription était contestée.
	Rectification.	Admission.	Publication seulement.
		Rejet.	Notification spéciale au tiers réclamant, et à l'individu dont l'inscription était contestée.

(1) Toutefois, il est d'usage de rayer après le 15 août, sans intervention d'un tiers, les électeurs et jurés dont le décès est notoire ; et d'effectuer, sans action formelle de l'intéressé ou d'un tiers, les rectifications de noms, prénoms, qualifications ; en un mot, les modifications qui ne sont pas de nature à compromettre l'identité de la personne, ou altérer la quotité du cens.

(2) Ceci ne doit s'entendre que des arrêtés qui sont de nature à modifier la liste, c'est-à-dire qui prononcent des inscriptions, radiations ou rectifications.

VII. Publication des tableaux de rectification, de quinze en quinze jours.

Les tableaux supplémentaires, aü lieu d'être publiés tous les dix jours, aux termes de l'ordonnance du 3 septembre 1820 (1), le seront tous les quinze jours, selon l'art. 15 de la loi du 2 juillet. Ils paraîtront donc, chaque année, les 20 août, 15 et 30 septembre, et 20 octobre. Afin de laisser le temps de les imprimer et de les envoyer dans les communes, ils devront être arrêtés quelques jours d'avance.

VIII. Clôture du registre destiné à recevoir les réclamations.

Le 30 septembre, terme fatal pour les réclamations, les bureaux de la préfecture devront être ouverts jusqu'à minuit : c'est alors que vous clorez le registre des réclamations par un arrêté signé de vous, et contresigné par le secrétaire-général de la préfecture.

La loi a laissé seize jours d'intervalle entre le *terme d'admission des réclamations* et *la clôture de la liste*, afin que les délais, déterminés par les art. 13 et 14, puissent être observés à l'égard des réclamations qui ne seraient formées que le 30 septembre. Dans ce cas, l'intéressé devra répondre le 10 octobre au plus tard, et le préfet, en conseil, aura cinq jours pour y statuer.

IX. On ne peut inscrire, sur le dernier tableau de rectification, les individus ayant acquis, du 1er au 16 octobre, la qualité d'électeur ou de juré, autrement que par l'accomplissement des conditions de temps, déclarées avant le 1er octobre.

S'il y a lieu d'inscrire sur le tableau de rectification, dressé le 16 octobre, les individus dont les droits, réclamés avant le 1er de ce mois, se sont complétés du 1er au 16, par l'accomplissement des conditions de temps, il n'est pas possible d'y porter ceux qui, pendant ces seize jours, ont acquis la qualité d'électeur ou de juré par des circonstances qui n'étaient pas connues ou ne pouvaient l'être le 30 septembre. En effet, aucune réclamation ne peut être reçue après cette époque; et le préfet, en conseil de préfecture, ne peut statuer que sur des réclamations présentées antérieurement.

X. On peut rayer les électeurs ou jurés décédés du 1er au 16 octobre.

Par le même motif, il n'y a pas lieu de retrancher les individus qui perdraient leurs droits du 1er au 16 octobre. Cependant il convient d'admettre une exception pour ceux dont le décès, survenu dans ce période de seize jours, serait légalement constaté. Leurs noms devront figurer à l'article *Retranchemens* du dernier tableau de rectification.

XI. Formation de la liste du collège départemental, le 16 octobre.

Au moment de la clôture, vous aurez à former la liste du collège départemental (art. 16). Elle sera extraite de la première partie de la liste du jury, en prenant les plus imposés, jusqu'à concurrence du quart de

---

(1) C'était par erreur que la circulaire du 25 août 1828 mentionnait la publication de toutes les décisions prononçant des rejets de demandes en inscription, radiation ou rectification. Ces décisions ne sont pas de nature à influer sur la formation des tableaux de rectification. Une circulaire, du 6 juillet 1829, a relevé cette erreur.

la totalité des électeurs du département. Cette liste devra, le 20 octobre, être affichée dans toutes les communes et déposée aux mairies.

La composition du cens électoral de chacun des électeurs du département se trouvant mentionnée dans les listes d'arrondissement, avec les détails prescrits par l'art. 7, il suffira d'indiquer le total des contributions de chacun de ces électeurs, et le numéro de leur inscription sur la liste d'arrondissement. Au moyen de cette indication, on pourra vérifier sur ces dernières listes la composition du cens électoral. Il serait sans objet de le répéter sur la liste départementale, qui n'est publiée que comme résultat d'une vérification déjà faite.

XII. Effet suspensif du recours devant la Cour royale.

L'art. 19 de la loi du 2 juillet 1828 attribue l'effet suspensif au recours formé, devant la Cour royale, contre toute décision du préfet, en conseil de préfecture, prononçant une radiation ou une réduction du cens électoral.

Le bénéfice qu'en peut retirer l'intéressé est limité au temps qui s'écoule entre la notification du pourvoi et l'arrêt définitif de la Cour royale. Si, pendant cet intervalle, il paraît un ou plusieurs des tableaux supplémentaires prescrits par l'art. 15 de la loi du 2 juillet, il n'y a pas de nécessité d'y rétablir le réclamant, puisque sa qualité est encore en litige, et que ses droits n'éprouvent aucun préjudice de ce retard (1); mais, si le 16 octobre arrivait avant que la Cour royale eût statué, l'électeur ou juré devrait, en vertu de l'art. 19, être rétabli sur le dernier tableau de rectification.

Si, du 15 au 20 octobre, il y avait convocation du collège d'arrondissement dont l'électeur rayé faisait partie, ou du collège départemental, il y aurait lieu à l'application du titre IV de la loi. Ce cas sort des circonstances de la révision annuelle, et il n'y a pas à s'en occuper en ce moment.

XIII. Il n'y a lieu à donner que des instructions sommaires sur la procédure devant la Cour royale.

Je n'ai que très-peu d'observations à vous adresser sur les autres dispositions du titre III concernant les formes du recours et de la procédure devant la Cour royale. Cette matière est purement judiciaire, et je ne dois m'occuper ici que des relations entre l'autorité judiciaire et l'autorité administrative pendant l'instance.

XIV. Le préfet peut adresser des pièces et renseignemens au procureur-général.

Lorsqu'en vertu des dispositions du titre III, un recours est formé devant la Cour royale contre un arrêté du préfet, en conseil de préfecture, l'exploit introductif d'instance doit, aux termes de l'art. 18, être signifié, sous peine de nullité, tant au préfet qu'aux parties intéressées, dans les dix jours après la notification de l'arrêté attaqué. Le but de cette signification n'est pas d'assigner le préfet devant la Cour royale (2), puisqu'il n'est point mis en cause, et que la procédure n'est pas dirigée contre lui. Vous n'aurez donc pas à *défendre* dans l'instance. Mais, si vous pensez qu'il y ait

(1) On pourrait toutefois indiquer à la suite du plus prochain tableau de rectification, que l'individu dont il s'agit a formé un recours suspensif.

(2) Il convient de remarquer que plusieurs arrêts de Cours royales ont reconnu qu'il y avait lieu d'assigner le préfet.

lieu de fournir des pièces et des renseignemens à l'appui de la décision attaquée, vous devrez les transmettre au procureur-général, avec telles observations que vous jugeriez convenables.

Remarquez qu'il peut être utile d'adresser des documens et des explications, non-seulement dans les instances où l'intéressé direct attaque l'arrêté qui a prononcé sa radiation, réduit le cens électoral pour lequel il
était porté précédemment, ou qui a refusé, soit de l'inscrire, soit de lui
attribuer un cens supérieur, mais encore lorsque la contestation a été
engagée par un tiers, et a lieu entre deux électeurs ou jurés. Il sera même
quelquefois nécessaire de recourir à ce moyen, dans l'intérêt de la confection de la liste électorale et du jury, pour suppléer à la négligence d'é-
lecteurs ou jurés duement inscrits, et qui se laisseraient condamner par
défaut.

Si la Cour royale, par arrêt interlocutoire, ordonne l'apport de pièces
ou la production de renseignemens pour lesquels il faudrait s'adresser à
l'administration, la demande vous en serait faite par le procureur-général à qui vous auriez à les transmettre.

XV. Observations sur l'exécution du titre IV de la loi du 2 juillet.

Les trois premiers titres de la loi du 2 juillet concernent la révision
annuelle de la liste générale du jury, considérée indépendamment de la
convocation d'un collège électoral. Le titre IV détermine l'application de
la liste électorale, ou première partie de la liste du jury, au cas où un collège électoral vient à être convoqué : ces règles varient suivant l'époque
de l'élection. Si le collège est réuni dans le mois qui suit la publication du
dernier tableau de rectification, c'est-à-dire du 21 octobre au 20 novembre
inclusivement, la liste électorale n'éprouve aucune modification, et doit
servir telle qu'elle a été arrêtée le 16 octobre (art. 21). Toutefois les expres-
sions, *il ne sera fait à la liste aucune modification*, ne peuvent s'entendre que
de celles qui seraient faites par le préfet, en conseil de préfecture, mais
non pas des changemens résultant, soit d'arrêts de la Cour royale notifiés
après le 16 octobre, soit de pourvois suspensifs formés, après cette époque,
dans le délai déterminé par la loi. Dans ces deux cas, et aux termes des
art. 19 et 20, les inscriptions, radiations ou rectifications ordonnées par
arrêt, ou les réinscriptions résultant de pourvois, modifieraient nécessairement la liste électorale.

Si un collège était convoqué après le 20 novembre, la liste, arrêtée le
16 octobre, devrait, conformément aux art. 22, 23 et 24 de la loi du 2 juillet,
être rectifiée au moyen de décisions publiées dans le tableau que prescri-
vait déjà l'art. 6 de la loi du 2 mai 1827. La formation de ce tableau, les
circonstances auxquelles elle peut donner lieu, l'exécution de la déchéance
prononcée par le dernier paragraphe de l'art. 6 de la loi du 2 mai, seront
l'objet d'une instruction spéciale, que je vous adresserai ultérieurement (1).

XVI. Dispositions du titre V.

Je m'arrêterai peu sur le titre V de la loi du 2 juillet. Il a déjà été
question ci-dessus de l'article 25 sur la translation de domicile politique
des fonctionnaires temporaires ou révocables. L'application de l'art. 26,
concernant la délivrance des extraits de rôles et certificats négatifs de contributions, est dans les attributions de M. le ministre des finances, qui a
publié des instructions à ce sujet le 31 juillet dernier. Enfin, l'art. 27, sur
la communication à donner aux imprimeurs, des listes annuelles et des
tableaux de rectification, ne doit s'entendre que des listes déjà imprimées,

(1) L'envoi de l'instruction annoncée par ce passage n'a pas eu lieu.

et non pas des minutes arrêtées par le préfet, et déposées dans les bureaux. Il y aurait, en effet, de l'inconvénient à les communiquer avant qu'elles n'eussent reçu, par la voie d'affiche, la publication légale.

XVII. Le préfet doit envoyer deux exemplaires en cahier des listes et tableaux de rectification.

Selon les précédentes instructions, vous devrez m'adresser deux exemplaires de chaque liste et de chaque tableau de rectification. Je vous invite à m'envoyer des exemplaires en cahier, tels qu'ils doivent être déposés dans les mairies.

CIRCULAIRE DU MINISTRE DE L'INTÉRIEUR.

Paris, le 21 octobre 1828.

Monsieur le préfet, il s'est formé dans plusieurs départemens des réunions qui, sous les dénominations de *bureaux*, de *comités consultatifs électoraux* ou autres analogues, annoncent avoir pour objet de faciliter aux ayant-droit leur inscription sur la liste des électeurs et du jury, ou de veiller à ce que cette liste ne contienne que les noms de ceux qui doivent y être inscrits. Ces réunions se trouvent en dehors de notre législation : aucune disposition expresse de nos lois ne leur est applicable, aucune n'a prohibé leur formation, aucune n'a réglé les conditions de leur existence. Tant qu'elles ne troublent point l'ordre public, soit par des actes illégaux, soit par des écrits susceptibles d'être déférés aux tribunaux, vous n'avez à prendre à leur égard aucune mesure.

Une grande latitude peut sans inconvénient être laissée au conseil ; mais, en ce qui touche l'action, il importe de ne pas perdre de vue les règles qui doivent être suivies. Ces règles sont écrites dans la loi du 2 juillet dernier.

L'art. 11 admet tout individu à se plaindre des inexactitudes commises à son préjudice sur les listes de son département, et l'art. 14 lui permet de réclamer *par lui-même ou par son fondé de pouvoir*.

L'art. 12 autorise *tout individu* inscrit sur la liste d'un département à réclamer l'inscription ou la radiation d'un tiers, ou toute autre rectification qui lui paraît devoir être opérée sur cette liste.

L'art. 13 oblige *le réclamant* à joindre à sa demande la preuve qu'elle a été notifiée par lui à la partie intéressée.

Enfin l'art. 18 lui ouvre un recours devant la Cour royale dans les cas déterminés.

Il résulte de chacune de ces dispositions, que la loi n'admet point de réclamations ni d'actions collectives ; qu'elle autorise seulement les réclamations et les actions individuelles.

Ainsi, dans le cas où des demandes vous seraient présentées au nom d'une réunion quelconque, ou par les président, secrétaire ou délégué de cette réunion, il est de votre devoir de les rejeter, en rappelant à ceux qui vous les présenteraient les dispositions de la loi. Ma circulaire du 25 août vous a déjà fait connaître que vous n'étiez pas tenu de soumettre au conseil de préfecture les demandes formées par des individus sans qualité, et que vous pouviez refuser de les recevoir.

La correspondance purement officieuse et toute privée des bureaux et comités consultatifs, s'il en existe dans votre département, ne peut donc avoir lieu qu'entre les individus qui jugeraient à propos de s'adresser à eux, et les personnes qui en feraient partie. L'administration ne peut leur reconnaître aucun caractère public, et leurs membres sont, dans leurs rapports avec elle, de simples particuliers isolés qui ne peuvent agir qu'individuellement dans les qualités et dans les limites déterminées par la loi.

Je vous recommande, monsieur le préfet, de ne pas perdre de vue les observations qui précèdent, et de vous y conformer lors de la réception et du jugement des réclamations qui vous seraient présentées en vertu du titre II de la loi du 2 juillet dernier. Sans doute il est du devoir de l'administration de chercher à rendre facile aux individus qui la réclament l'exécution des lois qui les intéressent directement, et c'est un de voir que vous ne manquerez pas de remplir ; mais la loi ayant réglé avec soin tout ce qui touche à l'intervention des tiers, c'est une obligation rigoureuse de maintenir l'exercice de ce droit dans les limites qu'elle a sagement prescrites : il importe au bon ordre que ces limites ne soient point dépassées.

Ces deux devoirs peuvent être aisément conciliés, et je m'en rapporte, à cet égard, à votre prudence et à votre zèle (1).

CIRCULAIRE DU MINISTRE DE L'INTÉRIEUR.

Paris, le 14 avril 1829.

Monsieur le préfet, je me suis fait rendre compte des opérations qui ont eu lieu dans chaque département pour la révision des listes électorales et je remercie MM. les préfets du soin qu'ils ont mis à me transmettre leurs observations sur l'exécution des lois du 2 mai 1827 et du 2 juillet 1828.

J'ai remarqué que les réunions des maires et des percepteurs avaient généralement produit d'heureux résultats, quoiqu'il se soit écoulé peu de temps entre la promulgation de la loi du 2 juillet et l'ouverture de ces réunions, et que l'administration supérieure ait été obligée de hâter le travail préparatoire qui devait faciliter les recherches. Il sera permis désormais de s'occuper plus à loisir de ce travail, et d'établir avec plus de soin les pièces qu'il est nécessaire d'adresser aux maires et percepteurs réunis.

Au nombre de celles qu'il est utile de leur envoyer, les plus importantes sont les extraits de rôle qui forment les élémens du cens électoral de chacun des individus inscrits. Ces extraits ont varié de forme selon les départemens, et il en est résulté des inconvéniens pour les communications que les préfets ont eu à se faire entre eux. Je me suis concerté avec M. le ministre des finances pour adopter un modèle uniforme, et nous avons arrêté celui que vous trouverez ci-joint, et qui me paraît disposé de manière à contenir tous les renseignemens désirables.

Lorsque vous aurez fait remplir, à la préfecture, la partie de chacun de ces extraits relative aux contributions comptées l'année précédente pour l'inscription des électeurs, vous le transmettrez directement, ou par l'intermédiaire du sous-préfet, au percepteur qu'il concerne : celui-ci transcrira les détails contenus au rôle de l'année courante, effectuera les calculs et déductions indiqués à la suite de l'extrait, le certifiera, et communiquera le tout au maire de la commune qui doit certifier la possession annale.

Indépendamment des électeurs et jurés déjà portés sur la liste de l'année précédente, la révision doit amener à connaître les individus

(1) L'existence légale des comités électoraux n'a pas été et ne pouvait pas être contestée par le ministre ; il a seulement cherché, par cette circulaire, à en restreindre l'action le plus qu'il a pu : il reconnaît qu'*une grande latitude peut être sans inconvénient laissée au conseil ;* mais il dénie qu'aucune action collective puisse être formée ; les comités électoraux, en effet, n'ont pas besoin d'agir collectivement, lorsqu'il y a lieu de demander la radiation ou l'inscription d'un électeur. Un citoyen, qu'il soit ou non membre du comité, *s'il est lui-même inscrit sur la liste électorale*, peut exercer l'action ; cette seule qualité lui suffit.

qui, depuis, ont acquis le droit d'y être inscrits, ou qui avaient été omis sur la dernière liste.

La recherche de ces nouveaux ayant-droit doit être un de vos principaux soins ; elle n'importe pas moins à la complète exécution de la loi du 2 juillet que le maintien des électeurs et jurés précédemment inscrits et qui n'ont pas perdu leurs droits. Pour y parvenir, vous devrez publier, vers le 1er mai, un avis pour inviter 1° les électeurs et jurés inscrits qui n'auraient plus la capacité légale, à le faire connaître avant le 1er juin, au maire de la commune où ils ont, les premiers, leur domicile politique, et les seconds, leur domicile réel ; 2° les individus précédemment omis, ou qui auraient nouvellement acquis cette capacité, à le déclarer avant la même époque à ce fonctionnaire, en lui remettant les pièces à l'appui de leurs droits.

Vous ne devez pas vous borner à cette invitation, et vous aurez aussi à recommander aux maires, ainsi qu'aux agens des contributions directes, de vous faire connaître quelles sont les personnes qu'ils croient être dans le cas de l'inscription, et les communes où elles sont imposées. Ces renseignemens vous permettront de désigner les individus dont il s'agit aux réunions cantonnales dans le ressort desquelles ils sont domiciliés, ou paient des contributions, pour que ces réunions puissent s'occuper de rechercher, soit leur position sous le rapport de l'âge et des autres conditions personnelles, soit les élémens de leur cens contributif. Si les documens recueillis dans une réunion cantonnale ne lui suffisent pas pour établir que telle personne est électeur ou juré, ils seront consignés à la suite de l'article concernant les nouveaux électeurs ou jurés ; et, en réunissant ces divers renseignemens, vous reconnaîtrez si l'individu auquel ils se rapportent doit ou non être porté sur la liste générale.

Vous devez envoyer aux maires et percepteurs des feuilles en blanc du modèle d'extrait ci-joint, pour les nouveaux électeurs, ainsi que pour les articles de rôle qui seraient nouvellement attribués à des électeurs déjà inscrits.

A l'ouverture des réunions des maires et des percepteurs aux chefs-lieux de canton, chaque maire produira tous les extraits de rôle de sa commune, nécessaires à la révision ; et le président de la réunion aura dû recevoir par vos soins les tableaux conformes aux modèles joints à ma circulaire du 12 juillet 1828. Les maires et les percepteurs s'occuperont successivement des individus portés sur ces tableaux, ou qui doivent y être inscrits.

Quelques préfets ont demandé que ces tableaux fussent remplacés par des bordereaux individuels contenant les mêmes détails. Comme il s'agit d'un travail dont vous seul avez à vous servir, vous êtes libre de prendre, pour l'effectuer, les moyens que vous jugerez les plus simples et les plus appropriés aux connaisssances des membres des réunions, et au temps qu'ils peuvent consacrer à la révision. Dans le cas où vous continueriez à faire usage des tableaux annexés à la circulaire du 12 juillet, et dont l'utilité a été généralement appréciée, la seule simplification qui pourrait y être apportée avec avantage, consisterait à supprimer le cahier d'observations n° 4, et à réserver une colonne en blanc sur les tableaux n°s 1, 2 et 3, pour y insérer les détails et les observations qu'ils doivent contenir sur les droits à l'inscription de chaque individu.

En général, le travail de chaque réunion, à l'égard des électeurs du canton, consiste principalement à réviser les contributions payées dans le ressort du canton : les maires et percepteurs réunis ne sont pas en position de connaître les mutations qu'ont pu éprouver les contributions payées au dehors ; et pendant le peu de temps qu'ils restent assemblés, ils ne peuvent examiner, sous tous les rapports, la capacité électorale, qu'il appartient au préfet d'apprécier définitivement. Cependant il est des renseignemens relatifs à ces contributions du dehors, et tenant à l'état des familles ou des personnes, qui peuvent être donnés par la réunion des maires et percepteurs du canton où l'électeur a son domicile politique, surtout s'il y possède en même temps son domicile réel : ces contributions pourraient appartenir à ses enfans mariés ou ayant atteint dix-huit ans depuis l'année précédente, à sa femme, à sa mère, aïeule ou belle-mère décédées ; il se pourrait qu'il fût propriétaire indivis, et que l'indivision eût cessé, etc.

Dans ces divers cas, vous pourrez demander des renseignemens à la réunion cantonnale, même pour les contributions qui lui auraient été attribuées hors du canton.

Je n'ajouterai rien à mes circulaires des 12 juill. et 25 août 1828, relativement aux opérations, à la tenue des réunions des maires et des percepteurs, et à la révision de leur travail par le sous-préfet de l'arrondissement, de concert avec le contrôleur des contributions directes : je vous invite seulement à recommander à MM. les sous-préfets de vous transmettre, du 15 au 20 juin, les tableaux, n° 3 comprenant les électeurs qui appartiennent à d'autres départemens, et toutes les pièces relatives à ces électeurs, afin que vous puissiez les faire parvenir à vos collègues avant le 1er juillet. S'ils les recevaient plus tard, ils ne pourraient en faire usage : c'est ce qui est arrivé en 1828 dans quelques départemens, tels que la Seine, la Seine-Inférieure, etc., où la grande étendue de la liste oblige à commencer l'impression du 15 au 20 juillet. Il importe donc de prendre des mesures pour hâter le plus possible l'envoi des documens aux préfets des départemens étrangers.

Lorsque vous leur aurez transmis les renseignemens relatifs aux électeurs qui les concernent, vous vous occuperez de la révision de la liste générale de votre département.

Ma circulaire du 25 août 1828 contient des instructions à cet égard, et j'aurai peu d'observations nouvelles à y ajouter : elles feront l'objet d'une instruction particulière que je vous adresserai ultérieurement. Je compte y joindre un relevé des principales décisions des cours royales sur les questions contentieuses qui leur ont été soumises. Mais je n'ai pas voulu différer plus long-temps de vous transmettre le modèle d'extraits de rôle établis pour aider l'administration dans ses recherches, et qui doivent servir d'élémens à la révision générale de la liste.

Ces extraits ne sont que pour l'usage de l'administration, et il n'est d'ailleurs apporté aucun changement à la forme de ceux qu'aux termes de l'article 26 de la loi du 2 juillet 1828, les percepteurs doivent délivrer à tout requérant, et dont M. le ministre des finances a transmis le modèle par sa lettre du 31 juillet suivant.

FORMULAIRE ÉLECTORAL.

N° I.—*Délégation faite par une veuve à son fils de ses contributions directes.*

Par devant Me   et son collègue, notaires à soussignés,

Est comparue la dame N.   veuve du sieur N.   demeurant à   rue   n°

Laquelle a exposé le désir qu'elle avait de profiter de la disposition contenue en l'art. 5 de la loi du 29 juin 1817, et à cet effet de faire profiter le sieur N.   son fils, des contributions directes qu'elle paie, à cette fin qu'il puisse être inscrit sur la liste électorale du département de   (ou qu'il puisse être inscrit sur la liste des électeurs de département d   )

Comme en effet elle a présentement déclaré qu'elle veut et entend que les impôts directs qu'elle paie à l'État servent à fournir ou compléter le cens électoral nécessaire au sieur N.   son fils, demeurant à   rue   n°   pour être inscrit sur la liste qui doit être dressée en exécution de la loi du 2 juillet 1828, et ce pour récompense de l'affection particulière qui lui est portée par son fils, et pour qu'un bon électeur ne défaille au pays.

Fait et passé à   en l'étude....

Dans les cas de délégation par une veuve à l'un de ses fils, ou petits-fils, ou gendres, les extraits de ses contributions et les certificats de sa possession annale doivent être accompagnés de l'acte de délégation devant notaires. Si la délégation est en faveur d'un petit-fils, l'acte exprimera ou qu'il n'existe pas de fils, ou que les fils existans n'ont pas capacité légale pour acquérir les droits électoraux. Si la délégation est en faveur d'un gendre, même déclaration qu'il n'y a pas de fils ni de petits-fils existans, ou bien que soit les fils, soit les petits-fils existans, ne sont pas capables d'être électeurs.

N° II. — *Modèle de procuration spéciale donnée à une personne afin qu'elle fasse les démarches nécessaires à votre inscription sur les listes électorales.*

Par devant Me N   et son collègue, notaires à soussignés,

est comparu le sieur   demeurant à

Lequel a fait et constitué par ces présentes, pour son mandataire spécial, le sieur   à département d

Auquel il donne pouvoir, pour lui et en son nom, de poursuivre son inscription sur la liste électorale du département d   qui doit être dressée aux termes de la loi du 2 juillet 1828;

A cet effet, requérir tout extrait de contributions, lever toute expédition d'actes, obtenir tous certificats de possession annale, faire dresser tous actes de notoriété, prendre extrait de tout intitulé d'inventaire, faire toute réclamation auprès de l'autorité, charger tout huissier de constater les refus de dépôt de pièces et refus de certificats, soit interjeter appel devant la cour royale de   à cet effet charger tout avoué, choisir avocat, obtenir tous arrêts; les lever, signifier, mettre à exécution; charger tout avocat aux conseils du roi de présenter requête au conseil d'État, faire suivre sur icelle, obtenir toutes ordonnances, et les mettre à exécution.

Au sujet de tout ce que dessus, signer toutes réclamations et tous pouvoirs, substituer à tout ou partie des présentes, élire domicile, et généralement faire, pour parvenir à ladite inscription, tout ce qui sera utile et convenable, promettant l'approuver, et l'indemniser de tous les frais qu'il aura faits pour lui.

Fait et passé à   en l'étude....

No III.—*Modèle de réclamation sur papier libre:*

A M. le préfet du département de
statuant en Conseil de préfecture.

Le sieur N   demeurant à
(*si la personne qui réclame est mandataire, elle ajoutera :* au nom et comme mandataire spécial à l'effet des présentes du sieur*****, suivant procuration passée devant Me ***** le—enregistrée *), a l'honneur de vous exposer,

Que c'est sans doute par oubli que son nom n'a pas été porté sur la liste des électeurs du département de   publiée le 15 août dernier, et sur les listes subséquentes; que cependant il paie le cens nécessaire pour être inscrit sur la liste définitive qui doit être affichée au 30 septembre présent mois;

Qu'à cet effet il produit (*relater les pièces avec soin*).

Pourquoi il vous plaira, M. le préfet, statuer sur la présente réclamation en Conseil de préfecture, dans les cinq jours de la présente, pour être votre décision immédiatement à lui signifiée, et, ce faisant, vous satisferez à la loi.

N° IV.—*Modèle de l'acte extra-judiciaire pour faire constater le refus de délivrer récépissé des pièces.*

L'an mil huit cent   le   à la requête du sieur N. demeurant à   rue   n°   pour lequel domicile est élu en sa demeure, je   soussigné, me suis transporté en l'hôtel de la préfecture du département d   où étant, j'ai signifié, déclaré, à M. le préfet du département, audit domicile, en parlant à

Que le sieur N.   entend, pour prouver et établir sa qualité d'électeur dans le susdit département, exhiber et déposer, comme par les présentes, il exhibe et offre de déposer les pièces à l'appui de sa demande, à fin d'inscription sur la liste qui doit être dressée en exécution de la loi du 2 juillet 1828, et close le 30 septembre présent mois, lesquelles sont... (*les relater avec le plus grand soin*).

Pourquoi j'ai, huissier susdit et soussigné, fait sommation à M. le préfet d   parlant comme dessus, d'avoir à constater sur-le-champ sur le registre à ce destiné, et à sa date, le dépôt desdites pièces, et d'en délivrer valable récépissé au requérant; et mondit sieur le préfet m'a répondu (*écrire avec soin la réponse du préfet, et faire mention du refus de signer, si le cas échet*).

Laquelle réponse j'ai pris comme refus de satisfaire au désir de la présente; et contre icelle ai fait pour ma partie toutes réserves, et notamment de se pourvoir par-devant qui de droit pour obtenir le redressement du tort au requérant présentement fait, et l'application contre mondit sieur le préfet de l'art. 114 du Code pénal; et à ce que mondit sieur le préfet n'en prétende ignorance, je lui ai, en son domicile et parlant comme dessus, laissé copie du présent, dont le coût est de

N° V.—*Modèle de l'acte extra-judiciaire pour faire constater le refus de récépissé des réclamations.*

S'il s'agit de faire constater le refus des réclamations, on ajoutera, après l'immatricule de l'huissier, que le sieur N.   a par mémoire et sans frais, au désir de la loi, réclamé contre l'omission de son nom sur la liste électorale du département d   et que M. le préfet refuse de constater la remise du mémoire et d'en donner récépissé, ce qui lui cause un notable préjudice. (*La suite comme au n° IV.*)

N° VI. — *Sommation au maire de délivrer le certificat de possession annale.*

L'an mil huit cent   le   à la requête du sieur N.   demeurant à   rue n°   pour lequel domicile est élu en sa demeure;
Je   huissier soussigné, me suis transporté en l'hôtel de la mairie de   où étant, j'ai signifié et déclaré à M. le maire de   en parlant à

Que le requérant est en possession depuis plus d'une année de deux immeubles sis dans ledit arrondissement, qui sont une maison sise à   rue   n°   et une autre sise rue   n°   que cette possession est de notoriété publique, et certifiée d'ailleurs par des actes authentiques dont je suis porteur (ou bien par un acte de notoriété passé devant M^e   notaire à   etc.)

Pourquoi j'ai fait sommation à mondit sieur le maire du deuxième arrondissement d'avoir à me délivrer le certificat constatant la possession annale des immeubles susdits, à cette fin que le requérant soit inscrit sur les listes électorales; et mondit sieur le maire a répondu... (*La suite comme au n° IV.*)

N° VII. — *Sommation au percepteur des contributions d'en délivrer extrait.*

L'an mil huit cent   le   à la requête du sieur N.   demeurant à   pour lequel domicile est élu en sa demeure; je,   huissier soussigné, me suis transporté au bureau de M. le percepteur des contributions directes, sis où étant, et parlant à

J'ai déclaré à mondit sieur le percepteur que le requérant étant dans l'intention de se faire inscrire sur les listes électorales, a besoin de l'état certifié de ses contributions directes, etc., que mondit sieur le percepteur doit délivrer aux termes de la loi.

Pourquoi j'ai à mondit sieur percepteur, en parlant comme dessus, fait sommation d'avoir sur-le-champ à me délivrer l'extrait duement certifié de lui de la contribution foncière payée par le sieur N. dans l'étendue de son bureau, aux offres de lui payer pour ledit extrait la somme de 25 c., lequel m'a répondu... (*La suite comme au n° IV.*)

Si l'on ne trouve pas d'huissier pour faire les actes ci-dessus, on présentera la requête suivante au président qui doit la répondre, sinon le président se rendrait coupable de déni de justice.

N° VIII. — *Requête au président du tribunal civil à fin de faire commettre un huissier.*

A M. le président du Tribunal civil de

Le sieur N.   demeurant à   rue   n°   a l'honneur de vous exposer

Que, bien qu'il ait droit d'être inscrit sur la liste des électeurs du département d   et qu'il ait été à cet effet offert de déposer les titres à l'appui de sa demande, M. le préfet a refusé de constater ledit dépôt sur le registre à ce destiné, et n'en a pas donné récépissé;

Qu'il importe à l'exposant de faire constater ce refus, et que néanmoins il n'a trouvé aucun huissier qui consente à prêter son ministère pour dresser procès-verbal du refus de cet administrateur.

Pourquoi il vous plaira, M. le président, commettre tel huissier près le tribunal que vous aviserez, pour constater la réponse qui sera faite par mondit sieur le préfet, et dresser procès-verbal du tout. Ce faisant, vous ferez justice.

(Cette requête doit être signée d'un avoué de première instance.)

N° IX. — *Acte d'appel de la décision du préfet.*

L'an   , le   septembre, à la requête du sieur N.   demeurant à   rue   n°   pour lequel domicile est élu en l'étude de Me   avoué près la Cour royale de   sise audit   rue   n°   lequel occupera sur la présente,

J'ai, soussigné, déclaré à M. le préfet du département d   en l'hôtel de la préfecture, audit domicile, en parlant à

Que le requérant entend interjeter, comme par ces présentes il interjette formellement appel de la décision rendue par mondit sieur le préfet, en conseil de préfecture, le   septembre présent mois, et notifié à l'appelant, le   du même mois; à ce qu'il n'en ignore;

Et à mêmes requête, demeure et élection de domicile que dessus; j'ai, huissier susdit et soussigné, donné assignation à mondit sieur le préfet à comparaître et se trouver aujourd'hui à huitaine franche, délai de la loi, par devant MM. les président et conseillers tenant la chambre des vacations de la Cour royale d   heures du matin.

Pour, attendu que le requérant a bien véritablement droit d'être inscrit sur la liste électorale du département d

Attendu qu'en effet... (*Relater ici, mais sans amplement libeller, les moyens d'appel.*)

Et attendu autres motifs à déduire en temps et lieu;

Voir dire qu'il a été par mondit sieur le préfet de   mal décidé, par le requérant bien appelé; qu'en conséquence, le nom dudit requérant sera rétabli sur la liste électorale qui devra paraître le 30 septembre présent mois; pour icelui exercer les fonctions électorales et voir en outre statuer comme de raison à fin de dépens; et je lui ai, à son domicile, et parlant comme dessus, laissé copie du présent, dont le coût est de

Nº X. — Comme l'affaire est urgente, on peut obtenir permission d'assigner à jour et heure fixes et rapprochés; on présente alors la requête suivante :

Requête à fin d'assigner devant la Cour royale à bref délai.

A M. le premier président de la Cour royale de

Le sieur N.　　　　demeurant à　　　　rue　　　　a l'honneur de vous exposer,

Qu'une décision a été rendue, le　　　　septembre 18　　par M. le préfet d　　statuant en Conseil de préfecture, et à lui notifiée le 12 septembre même mois, laquelle a ordonné que le nom du requérant serait radié de la liste électorale qui doit servir pour l'année 18　 ;

Que cette décision est contraire à son droit, ainsi qu'il le prouvera en temps et lieu;

Que cependant il lui importe de faire statuer le plus promptement possible sur l'appel qu'il compte interjeter de cette décision, puisque la liste sera close le 30 septembre, et que passé ce temps aucune réclamation ne pourra être faite.

Pourquoi il vous plaira, attendu l'urgence, M. le premier président, lui permettre d'assigner, et ce par tel huissier qu'il vous plaira commettre, à jour et heure fixes, M. le préfet du département de　　　　devant la chambre des vacations de la Cour, pour... (*Transcrire l'acte d'appel comme au Nº IX.*)

Cette requête peut être répondue par M. le président des vacations de la Cour; elle doit être signée par un avoué d'appel.

(Nous n'avons pas besoin de donner un modèle de pourvoi, qui doit être présenté par un avocat au Conseil, seul compétent pour le rédiger.)

ADDITION IMPORTANTE

Au § IV du chapitre 1ᵉʳ (page 5).

Lorsque l'immeuble sujet à contribution est possédé, et l'industrie sujette à patente exercée depuis plus d'un an, l'augmentation qui survient à la contribution et à la patente, peut servir à la formation du cens électoral; quoique cette augmentation ne date pas elle-même d'une année. (Arrêt de Grenoble du 4 août 1829.) — *Gazette des Tribunaux*, du 22 août 1829.

FIN

TABLE.

IMPRIMERIE DE H. FOURNIER,
RUE DE SEINE, N. 14.